DIALOGUES & CONVERSATIONS DE FACEBOOK

Expériences d'un Réseau Social

Hervé Fanini-Lemoine

DIALOGUES & CONVERSATIONS DE FACEBOOK

Dialogues & Conversations de Facebook : Conversations entre amis autour de la Culture, de l'Histoire et de l'actualité d'Haïti.

KISKEYA PUBLISHING CO

kiskeyapublishingco@gmail.com

Spécialement dédié à tous mes amis et à tous les amis
d'Haïti.

Dialogues & Conversations de FACEBOOK

Hervé Fanini-Lemoine
http://www.facebook.com/rvfanini

« DIALOGUES & CONVERSATIONS DE FACEBOOK » est une compilation de plusieurs sujets discutés sur mon « mur » de Facebook. D'habitude, l'Haïtien participe à une conversation pour débattre un sujet. Dans « Dialogues et Conversations de Facebook », la direction est plutôt baroque ; simplement calqués sur le vif. Chacun y injecte son sel, son concept à défendre et son argumentation à polir. La primeur de ces délibérations reste à l'éloquence spontanée, et surprend parfois quelques-uns des interlocuteurs qui restent stupéfaits ou désappointés. Les sujets traitent de l'actualité, de la philosophie, de l'histoire et de la culture. Il peut s'agir de débats où se développent tout aussi bien des idées sophistiquées que de conversations journalières. Ce type de table ronde virtuelle peut démarrer très fluide, coulant, pour dégénérer parfois en rhétoriques controversées, polémiques, contestations et querelles passionnées. Ultimement, les interactions se voudraient constructives et profitables.

Il convient donc au lecteur d'en assimiler le contenu et le contexte, et d'en faire toute analyse ; toutes déductions à sa discrétion ! Pour protéger l'aspect privé de ces « Dialogues et Conversations de Facebook », je me suis proposé d'utiliser des initiales et exceptionnellement des prénoms.

J'espère que vous apprécierez la dynamique de ces échanges : connexions, relations, ardeurs et avidités de communiquer. Je vous en remercie et je souhaite que vous preniez part aux prochaines rubriques et publications.

TABLE

INTRODUCTION

Je me souviens, dans les années 1990, quand j'étais sur le point d'explorer l'Internet, quelqu'un afficha ce qui suit : « les amis que vous faites en ligne peuvent devenir de meilleurs amis dont vous n'auriez jamais pensé. » Ceci a été tellement vrai que beaucoup d'entre eux sont aujourd'hui mes meilleurs collaborateurs. Plusieurs, dans le temps, étaient convaincus que l'Internet aurait été une expérience de courte durée jusqu'à ce que Yahoo, AOL et d'autres moteurs de recherche bourgeonnassent pour devenir la nouvelle manière d'obtenir l'information et la connaissance. J'en suis tellement reconnaissante !

Aujourd'hui encore, une nouvelle fois, nous faisons l'expérience d'une nouvelle façon de communiquer avec des amis que nous avions probablement oublié l'existence. Il s'agit d'un phénomène nouveau de réseautage social. De « Hi5 » à « My Space », beaucoup se sont connectés avec leurs amis et familles et se partagent de l'information. Mais, cette nouvelle façon de communiquer se faisait plus couramment dans le monde des affaires, jusqu'à ce que Facebook reformate le réseautage en permettant au titulaire de placer des photos qui peuvent être à la vue de tous. Nous sommes maintenant en train de faire une nouvelle expérience dans le monde du réseautage et de la socialisation. J'appelle cette manifestation le phénomène Facebook !

Je me suis inscrit et ai obtenu un compte Facebook vers la fin de l'année 2009. Moins d'un an plus tard, j'ai accumulé plus de mil huit cents amis dont une centaine participe à un commentaire quelconque que j'affiche à mon Mur. C'est un début ; car beaucoup de mes amis ont déjà atteint la limite de cinq mille prescrite par Facebook. Inutile à dire, mais pour réaffirmer le contenu de ce livre, la plupart des conversations se dirigent sur Haïti, traitant de sa culture, de son histoire, de sa politique, de sa société, etc., d'une manière d'échanger des informations et de discuter des sujets qui parfois paraissent difficiles pour certains.

De la définition de Quisqueya jusqu'à l'implication de Bill Clinton dans les affaires internes d'Haïti, beaucoup d'opinions ont et certains faits scientifiques y sont discutés. J'ai limité les conversations à fin que personne ne se sente menacé ou ciblé. Alors, nous ne discutons point le culte de la personnalité, comme la religion, l'orientation sexuelle ou de sujets allant sur cette orientation.

J'espère que vous apprécierez ce livre, comme cela, je peux préparer une prochaine parution, aussitôt que possible. Je ne veux plus vous attarder sur la lecture d'une introduction, mais, de préférence, je vous laisse le temps pour vous imprégner dans la formulation cognitive de la conversation haïtienne.

Alors, voyons ce que disent nos amis !

Dialogues & Conversations de FACEBOOK

Hervé Fanini-Lemoine

Dialogues & Conversations de FACEBOOK

Hervé Fanini-Lemoine

Du même auteur

FACE À FACE autour de l'Identité Haïtienne (2009)
Facebook Dialogues & Conversations (I) (2010)
Facebook Dialogues & Conversations (II) (2011)
Facebook Dialogues & Conversations - English (2011)

Pour bientôt

FACE À FACE – Français – Edition revisée et augmentée
BANNED FROM HISTORY (English)
FACE À FACE - The English Edition

Facebook Dialogues & Conversations (III) - (2012)
LIES AND DECEPTIONS (English) - 2012

LE NÈGRE CONTEMPORAIN

-1-

LE NÈGRE CONTEMPORAIN

La traite négrière continue à plein feu ou, en Haïti les nègres sont encore sous l'emprise de la culture coloniale laissée dans nos écoles et consolidée dans nos églises. L'exploitation, le vole et le pillage sont de nos jours en vigueur et sont perpétrés par les remplaçants coloniaux; les dirigeants politiques et les élites économiques. Aujourd'hui, Haïti est un champ de bataille et d'expérimentations entre les pays qui se veulent dominateurs. La France et les États-Unis semblent se battre pour le contrôle de la partie occidentale : la France, culturellement et, les E.U. se servant de l'amitié qui semble exister entre le Québec et Haïti, utilise la diplomatie Canadienne, et la géopolitique sud-américaine pour maintenir le contrôle des armées et des denrées alimentaires de première nécessité. Car la peur et la faim sont les armes les plus terrorisantes qui peuvent maintenir un peuple dans l'ignorance totale. Étant donné que « Seul la Connaissance Affranchira », dans le cas d'Haïti, le peuple est condamné à sa déchéance, à moins qu'un réveil se fasse ; ceci, très vite.

Hervé Fanini-Lemoine

B-A M
Oui ! Et j'ajoute que le problème majeur d'Haïti, c'est le nègre haïtien « lui-même » qui chaque jour exhibe l'ampleur de son arrogance et qui ne comprend pas, ou tout simplement ignore, la majesté du désastre sur lequel il règne. Ce sont les chefs haïtiens au pouvoir qui devraient se rassembler, accepter la responsabilité de leur arrogance, de leur ignorance, de leur manque de cœur et de vision et de leur pénurie d'imagination et se dire qu'ils ont échoué et qu'ils devraient se retirer de la

scène pour laisser à d'autres le devoir d'exercer leur devoir.

E G

Nous sommes tous coupables Hervé : toi, moi et tous ceux qui se disent intellectuels ou capables de penser pour le peuple qu'ils nomment de manière péjorative. Nous sommes les seuls responsables de la situation abjecte d'Haïti, monsieur Fanini-Lemoine. Au regret de vous l'avouer ainsi. Nous n'avons jamais rien fait pour l'empêcher de se détériorer.

B-A M

Eddy, ils nous auraient fusillés ou fait fusiller en plein jour pour protéger leur butin et tu le sais puisqu'ils le font tous les jours. Il nous manque l'infrastructure sociale pour nous lancer dans la lutte contre ce calvaire. On a essayé de nous associer à eux et à leur éduquer, et qu'est-ce qu'ils ont fait, les rusés ? Ils nous ont destitués de la citoyenneté. Aller savoir !

M M

Un texte qui parle de vérité. Ce texte doit faire partie d'un livre racontant l'histoire de cette époque.

E G

Si tu permets Bel-Ami, je crois sincèrement que la plus grande part de la responsabilité nous appartient à toi, à moi, à Hervé, à nous tous qui nous arrogeons le droit de voir dans leurs jeux, c'est-à-dire que nous sommes intelligents. Et qu'avons-nous fait de cette intelligence à part les accuser. Ils sont corrompus, et le système se détériore. Qu'avons-nous fait nous qui avons tous les moyens: Intelligence entre parenthèses, argent, relations, contacts, etc. ? Et maintenant, aujourd'hui que faisons-nous, à part les accuser et les traiter de toutes sortes de noms. Hervé, Bel-Ami, Guy et bien d'autres parmi nous qui sont conscients et concernés, nous devrions nous nous questionner sur nous-mêmes ? Et je suis sérieux et sincère. Et Bel-Ami, tu as touché à un point très important, en disant qu'il nous manque d'infrastructure sociale. Nous n'avons aucune tradition de vive sociale commune ni d'aucune infrastructure. Il faudra rediscuter de la question messieurs, en temps et lieu car l'heure est urgente.

Bel-Ami, encore je me permets, c'est justement cette crainte de laisser sa peau qui nous a valu cette situation. Et le pire, nous y laissons la peau de toute façon. ON NE FAIT PAS D'OMELETTE SANS CASSER DES OEUFS. Tu dis ils nous auraient fusillés, pourquoi ne pas nous-mêmes les fusiller a la place ? .

Si nous savions nous organiser, planifier, appliquer les bonnes stratégies, il nous appartient à nous-mêmes de les fusiller, mon cher ami. Souviens-toi quand le pays était pris en otage par seulement une poignée de zenglendo. Tout le pays en entier qui s'est fait terrorisé par pas plus de 10 chefs de gang, alors que toi, moi, Hervé et tous les autres qui avons les moyens de payer des commandos sur place avions subi toutes ses atrocités pendant des années. Pauvre de nous. Et aujourd'hui encore, comment se fait-il qu'une personne en position puisse terroriser une autre par les armes alors que l'autre peut en faire autant. C'est la loi de la lutte des forces. Le fait de ne pas prendre les moyens pour se défendre ne fait pas de nous des gens pacifiques. Car la violence est dans notre cœur et non dans nos mains.

M M
On se demande encore aujourd'hui comment les Haïtiens ont pu s'écraser ainsi devant la dictature de Duvalier, croire aux promesses d'Aristide et entrer dans le jeu de Préval. On se demande aujourd'hui comment les Dominicains se sont laissé avilir par Trouillot petit-fils d'Haïtienne et abominable dictateur. On se demande encore comment les juifs ont pu se laisser conduire dans des trains vers les fours crématoires. Voilà. Bien sûr que

la stratégie destructrice à une forme bien particulière qui comprend la violence et la démoralisation et la peur enfin le sauve qui peut. C'est cela même le but. Diviser pour régner ! J'ai relu le texte d'Hervé et si l'éducation et la connaissance en HAÏTI sont un pilier d'espoir, la confiance, confiance en l'homme haïtien et en sa capacité et son talent, son esprit de sacrifice semble être des éléments non négligeables.

A J-B
La violence est dans notre cœur et non dans nos mains. Merci de partager !

J G C
@ Eddy et Bel-Ami. Cette infrastructure qui semble de nos jours nous faire défaut, n'existait-elle pas, à notre singulière manière, dans les « lakou » que nombres d'idéologies et de « pouvoirs temporels » se sont acharnés à détruire encore et encore, car ils représentaient, représentent encore, des redoutes sociales et spirituelles, de véritables bastions de protections qui définissaient, perpétuaient et défendaient notre identité culturelle, cultuelle et nationale. Qu'en pensez-vous?

J G C
Réflexions: Il fut un temps ou les simples réflexions, introspections, propos et spéculations qui sont présentés dans ce merveilleux « forum improvisé » auraient valu aux intervenants et visiteurs identifiés un billet simple à destination de « ti tanyen ». Mais aujourd'hui n'y a-t-il pas cause de célébrer un regain d'espoir, car pour une fois encore l'intelligence Ayitienne fait ses preuves, car FB est en train d'être transformé par ceux qui le veulent en un véritable « Congrès » où les « marrons » de circonstances se partagent des idées ; où ils apprennent à nouveau à se connaitre et se reconnaitre ; où ils s'entraident à redevenir ceux qu'ils n'auraient dû jamais cesser d'être, même pour un instant ?

A J-B
@ Jean G C, Introspections!

E Z V
Eddy G dixit: « On ne fait pas d'omelette sans casser les œufs. Tu dis : ils nous auraient fusillés. Pourquoi pas nous-mêmes, les fusiller à la place ?

J G C
La cohésion d'un peuple gravite autour de son sens d'identité. Il y aurait lieu peut-être de définir, à l'essai, l'identité comme étant une Personne Collective à la fois Morale et Physique. Ces deux aspects peuvent aussi être compris comme étant indissociablement Père et Mère d'une nation; Père comme espace moral (valeurs culturelles et autres), Mère comme étant l'espace physique nourricier. Il semblerait que chez nous la mère soit présente tandis que la présence du père laisse à désirer. Ne se pourrait-il pas que le viol répété de la Mère soit le résultat de cette absence ; qu'en pensez-vous ?

@ Angie - Par INTROSPECTION, j'entends proposer que nous sommes en train de fouiller notre âme collective pour redécouvrir et revaloriser notre « lampe » dont la flamme s'acharne à bruler le « boisseau » qui est continuellement arrosé par ceux qui aimeraient bien l'égorger comme un « agneau ».

E G
@ Erroll Z - C'est une question de RELATION ENTRE LES FORCES pour établir un certain équilibre. C'est ce qu'on voit partout dans toutes les sociétés dignes de ce nom, même dans chez les primitifs. C'est ce qu'on appelle l'OPPOSITION dans les sociétés modernes. A-t-on jamais eu une opposition en Haïti ? Jamais et si toutefois oui, quelles alternatives n'a-t-elle jamais proposé ? Jamais rien. Ce n'est pas une question de violence C'EST UNE RELATION DE FORCES pour imposer le respect, l'ordre et la discipline. Bel-Ami est avocat il peut

nous édifier là-dessus, sur l'importance du principe de la coercition, de l'éthique et du contrôle de la qualité. Le proverbe haïtien qui illustre ce principe de l'équilibre social est: *FÈ PA KOUPÉ FÈ* ou bien encore *DJAB FÈ DJAB PÈ*; ou bien pour finir: *LOUGAROU PA MANJÉ LOUGAROU.* Nous avons manqué à notre devoir de patriote. Et tant que nous n'en prenions pas conscience, nous ne pourrons rien faire pour le pays.

J G C
@ Eddy - Tu as une certaine raison parfumée de logique séculière. Lorsque les forces, les intelligences et les déterminations sont égales, le résultat est obligatoirement la Diplomatie (dite démocratie) : le KAFOU ou les choses s'équilibrent. *Ban mwen map ba wou* ; *Pa ban mwen ou pap jwen-n. Peson-n pa ka gen tout.*

B-A M
@ Hervé - Ce n'est pas la peur d'y laisser la peau ! Pas du tout! Ils n'ont carrément pas besoin de moi (de nous)! Ne l'ont-ils pas clairement légiférer?

Comment moi par exemple, allait pouvoir me mettre dans la politique haïtienne. Je ne suis pas citoyen haïtien d'après les lois haïtiennes. Ce n'est pas une question d'aller leur offrir ma tête comme cible, c'est que je ne suis pas le nègre haïtien dans le texte d'Hervé et de surcroît, je ne n'ai pas le droit ni l'honneur de me martyriser pour la cause.

Comme le dit si bien le monsieur un peu plus haut, « Je ne suis pas impliqué ! »

H F-L
@ Bel-Ami - Je pense que tu veux t'adresser à Eddy quand tu dis « Ce n'est pas la peur d'y laisser la peau ! »

R S M
En fait, la traite négrière de St Domingue était régie par le Code Noir ou le colbertisme, selon des règles bien

strictes. Tandis qu'aujourd'hui, c'est la pagaille des conséquences de cette pratique obscurantiste. Il serait bien de regarder vers l'avant de préférence pour tout de suite.

J G C
@ Bel-Ami - Ils n'auront ce luxe que si nous les leurs en accordons le privilège. Ne disent-ils pas quelque chose peut-être, en fait :

Ou gen tan chapé, rete kote ou ye-a pou mwen ka gen chans pou m fè kob pa mwen-an vit sou do bèl fan-m lan ak tout pitit i yo ki pate ko gen chans jete yo ak tout ou menm tou. Pa vin n gate jwèt mwen. Ki sa ou té gen tan gen la-a? Ou konnen ke map vini jwen-ou avan 6 zè byen boure. Apre sila nou tout prale chanté Ayiti Cheri, nou chak pou rezon pa nou, é paske nou gen nostalji. Ki ajanda ou vle swiv mon frè? Pa yo à, pa ou-à osnon pa nou-an?

Ayitien se aganman, yon mawon édifié. Li changé koulè lè li nesesè pou la kòz pèsonèl : rantre fanmi, pitit, menaj, zanmi ak latrye men li toujou rete moun li ye-a. Si se pa vre le 12 janvyie 2010 ou pata kriye. Je wou pa ta manke koule san, si tout fwa li pat koule-l.

H F-L
Je pense qu'a priori, tout le monde ne fait pas les mêmes choses. Il y en a qui prennent les armes et d'autres planifient les batailles. Eddy a porté une accusation que je pense injuste. Je ne suis pas responsable de la défaite du peuple haïtien. Comme Alix Saintil l'a expliqué, on est tous victimes.

Lorsque mon père a été lâchement assassiné par un bourreau de Duvalier, j'avais 13 ans. Je ne pense pas qu'à 13 ans je pourrais prendre les armes. À mes âges, aujourd'hui, j'ai préféré prendre les armes de l'écriture pour propager la connaissance. Je suis convaincu que par faute de con-naissances, les élites ont leurré les masses et la classe moyenne au détriment de la société en général.

Comme je l'ai ci-haut mentionné, « seule la Connaissance affranchira » ; ne faudrait-il pas que nous cessions de croire aux dires et aux promesses de ceux qui nous ont emmenés sur cette terre ? Et, au lieu d'accaparer leur culture, ne serait-il pas préférable et avantageux si nous connaissions la nôtre, pour sa vraie valeur.

Ne devrions-nous pas simplement nous affranchir et refuser les valeurs de ceux qui ont forcé nos ancêtres en esclavage ?

Je pense qu'il est temps que l'hypocrisie sociale soit dénoncée et que tous et chacun, nous commencions par reconnaitre que nos mères ont été des putes de ceux qui nous ont éduqués. Et que le paysan haïtien est bien celui qui détient les rênes de notre culture.

La culpabilité de chacun est le fait que nous avions tous accepté les préceptes de croyances imposés par l'Europe, en diabolisant la culture et les croyances africaines. Nous avions tous, à un moment donné dans notre vie, ironisé et dévalorisé la citoyenneté du paysan haïtien. Nos parents et certains d'entre nous continuent aujourd'hui à utiliser leur progénitures en tant que « restavèk ». L'on se réjouit du fait que l'on peut converser dans la langue du colon que l'on veuille protéger avec tant de fierté pendant que nos mères et nos pères, ou nos grand-mères et grand-père, en grande majorité, ne peuvent communiquer dans cette langue d'emprunt.

Oui Eddy, nous somme coupable ! Nous sommes coupables d'avoir appris les mœurs et les habitudes de nos maîtres qui veulent encore nous terroriser et abêtir ceux qui pensent et proscrivent une idéologie différente à la leur.

Cher frère, nous sommes coupables d'être nés de parents qui non pas pu se révolter à fin de protéger les plus faibles.

Mon cher ami, je continuerai une prochaine fois pour cataloguer notre culpabilité.

Amicalement vôtre !

J G C

@ A tous, quel beau FORUM ! Le « Congrès Ayisyen est en train de renaitre de ses cendres » !

H H F

M. Fanini-Lemoine, je me demande si tu ne pourrais pas préciser un peu plus sur vos derniers mots: « Car la peur et la faim sont les armes les plus terrorisantes qui peuvent maintenir un peuple dans l'ignorance totale. »

Je vois en ces deux termes (la peur et la faim) deux paradoxes tout à fait tangentiels. L'un exprime les sentiments émotionnels de l'individu tandis que l'autre reste une condition sociale qui est clairement procréée par la réalité d'un milieu - un chômage chronique. En effet, on peut se crever ou être crevé de faim sans pour autant être maintenu dans l'ignorance totale. La peur, de son coté et quelque soit la(es) raison(s) de son instillation chez l'individu, reste un état d'âme et surtout un paradigme personnel, mais pas nécessairement collectif.

En outre, la peur, en psychologie de masse, fait toujours bon ménage avec des cas d'abus qui seraient vus ou observes par la personne éprouvée. Ce qui n'est pas vrai pour la faim systémique chez un groupe choisi. C'est plutôt l'absence et/ou le manque du travail qui supporte les symptômes et/ou les signes de la faim chez l'homme.

Tout comme l'on peut être éduqué et éprouve en même temps des sentiments de peur. Il existe tant d'autres pathologies qui aujourd'hui font le jour sur cette affaire de peur chez la personne affectée. Enfin, on peut facilement arguer que la faim, si collective, reste le résultat du chômage et/ou du sous-développement dans la zone en question.

Feel free to share this comment with your facebook's audience, M. Fanini-Lemoine. You can also help us out if you would elaborate more on your comment.

Bonne journée, cher ami !

J G C

@ Harry - A lire tes commentaires, appréciés à leurs justes valeurs, une interrogation s'impose: N'y aurait-il pas lieu de dire que tous ceux/celles qui se lais-sent embourber dans un système qui promet l'apparence d'une stabilité « illusoire » s'enlisent en quelque chose qui n'est pas des leurs?

M G

Honnêtement, je ne vois pas de lutte entre les puissances dominatrices en Haïti. Au contraire j'y vois une coalition bien ordonnée, et souvent vraiment précaire impliquant la stupidité de quelques pseudos leaders haïtiens servant de Valets d'où Haïti en sort toujours perdant.

M M

Merci Jean G C et merci à Hervé!

Y F

@ Hervé - Cela a été un plaisir de lire les participants commentant ta note. Haïti est un champ de bataille, Haïti est aussi une proie à la merci des vautours d'une culture imposée, pérenne de ses dictats de féodalité ou d'expansionnisme truqués et encore avoués dans une velléité de recoloniser un pays, incapable d'existence et de subsistance. Un pays noyé dans une mentalité et un milieu apparemment autodestructifs, tributaires d'une structure consciente enseignée dès le début de la traite négrière. (Depi l'Afrique nèg pa vle wè nèg)

Si nous sommes tous coupables, nous le sommes dans l'optique de notre exode collectif, vers des terres « plus clémentes ». Nous le sommes tous, pour avoir signé le pacte de l'exil et laissé la gestion des affaires d'État à des incompétents qui aujourd'hui incitent à la mise en tutelle, pour incapacité de conduire le Pays haïtien vers la route du Progrès.

Nous le sommes tous, pour n'avoir pas pris « le taureau par les cornes », défier la médiocrité et assumer nos responsabilités du savoir et, en fils du pays procurer à Haïti sa chance de survivance. Ceux qui sont restés ont eu à braver l'infamie et l'instinct de conser-vation a probablement primé.

Sur les rives d'océans confortables, nous avons démissionné et opté pour une passivité, une aisance du statu quo, qui n'appelle que l'ingérence dans nos affaires d'État souverain (en principe et en droit). Nous contemplons au loin la barque qui fait naufrage, nous pleurons de voir notre Haïti chérie sur un grabat, agonisante, nous sentons cet amour viscéral nous entortiller les tripes, pourtant nos puissants cerveaux, oublieux de stratégies vitales, ne font que se lamenter sur son pauvre sort. Pour nous encourager, nous disons, Haïti doit survivre, Haïti se relèvera de sa misère, Haïti doit renaitre.

Ultimement si le temps est crucial et prioritaire à l'Éducation, une bonne approche d'ailleurs, quelles seraient donc les structures de planification et d'implan-tation d'un programme national d'Alphabétisation ?

Serions-nous, de la Diaspora, enclins à faire du bénévolat de participation à un tel effort de titan ?

Serions-nous éloquents dans nos réponses et d'un commun effort, relever en frater un défi qui nous tient tous à cœur ? Nos alphabétisés seraient-ils réceptifs à l'éducation proposée sans que leur situation socio-économique ne se soit améliorée ? (Ventre affamé n'a pas d'oreilles).

Serions-nous aptes ou autorisés à cette partici-pation en fonction de nos statuts de citoyens haïtiens de naissance ?

N'oublions point la problématique de logement et de salubrité post-séisme, l'épidémie de choléra et tout autre monstre à traiter dans une approche pragmatique & holistique d'Haïti.

Merci Hervé !! Encore une opinion personnelle du débat prolifique et enrichissant qu'a suscité ta note « Le

Nègre Contemporain.» J'espère que la suite prouvera que « du choc des idées jaillit la lumière. »

Bonne Fête D'Actions de Grâces à vous tous !!

G E D
Merci Hervé d'avoir partagé et merci à vous tous ! J'apprends énormément en vous lisant.

E G
@ REFLETS - Je dirais que tous ces règlements et codes sont du passé. Souvent et trop souvent même la pensée devance la parole et l'action. Avant de continuer à trébucher, je prône de vivre dans le moment présent et maintenant.

H H F
@ M. Jean G C - Magnifique et introspective question! Je n'en sais quoi répondre pour le moment.

Merci pour vos mots d'inspiration ! Géologue et instituteur, mon pays natal en profiterait de tes services consultatifs si les cadres y existaient.

R S M
@ Garnier - Nous avons chacun une perception différente de la même réalité. Je crois que malgré, peut-être cette apparente divergence, nous sommes sans aucun doute sur la même longueur d'onde. L'important c'est surtout de s'accorder pour parler le même langage (que les intervenants ne devraient pas prendre à la lettre). Tous les Haïtiens aiment leur pays et voudraient mourir pour le sauver. Mais pourquoi n'arrivent-ils pas à s'entendre ? Simplement parce qu'ils ne parlent pas le même langage tout le temps (langage en terme de perception). Il suffira de s'entendre. Les vrais amoureux se chamaillent constamment. À bon entendeur, M. Garnier !

M D

Pire c'est que l'on utilise l'ignorance du peuple pour le tourner contre les intellectuels tandis que dans tous les pays du monde l'élite pensante agit de la même manière que la nôtre. Écrire, publier en s'exprimant dans l'intérêt de la nation. La tâche politique ou la militance revient aux militants, activistes et hommes politiques

H F-L

@ Michelle - Article très intéressant! J'ai retenu ce passage:

« L'Haïtien qui tient le discours de Pat Roberson a tout à fait conscience de ce qu'il a de déshumanisant, mais, en son âme et conscience, il l'adopte (certains tenaient ce discours bien avant le pasteur américain) et consent pleinement à traîner sa personnalité de peuple dans la boue puante. Ne serait-ce pas du 'pain bénit' pour le spécialiste en psychologie sociale en mal de sujet d'étude ? »

Wilson Décembre *
Soumis à AlterPresse le 31 octobre 2010

M C-E

Je rejoins Hervé dans sa note que nous devons agir vite pour éviter d'être supplantés sur notre propre terre natale léguée par nos ancêtres. En effet, tous les signes sont là pour montrer qu'à l'instar des quartiers démunis aux E.U. subissant un «Take Over » radical par les mieux nantis, Haïti est train de nous filer sous les doigts. En dépit de la mauvaise renommée dont jouit le pays outre-mer, les étrangers n'ont aucun mal à s'établir en Haïti voire s'incorporer aisément dans cette même culture que nous considérons avec dédain. Comme l'a fait remarquer un ami concernant le GDP d'Haïti entre 1992 et 2009.

Ce réveil prôné par Hervé est aussi urgent que nécessaire !

@ Jean G C - Tout ce que je peux ajouter à votre dernier commentaire, VOUS PARLEZ D'OR !

E G

@ Hervé - Bel-Ami – Reflet S - En effet, l'expression «la peur d'y laisser la peau!» m'appartient dans ce débat. Je l'attrape au vol.

Je suis très heureux de que ce forum nous permet de réaliser une certaine symbiose humaine. Bel-Ami a été prudent en évitant de me citer directement et Hervé futé de m'indiquer la piste pour aboutir son enquête sociologique et à moi de justifier mon langage, mes ÉCRITS. Sur ce point, je suis d'accord avec REFLETS, quand il suggère la théorie de parler le même langage pour se comprendre pour éviter la pagaille (confusion).

Dans les réponses de Bel-Ami, il S'IDENTIFIE ENTIÈREMENT à ses idées dans le débat. Il se sent entièrement concerné, puisqu'il écrit: «Ils n'ont carrément pas besoin de moi (de nous)! Ne l'ont-ils pas clairement légiféré? Comment moi, par exemple, allais pouvoir me mettre dans la politique haïtienne. Je ne suis pas citoyen haïtien d'après les lois haïtiennes. Ce n'est pas une question d'aller leur offrir ma tête comme cible !

Si je ne m'abuse, cher Bel-Ami, nous sommes tous (sans exception) soumis à cette même aberration. Maintenant, laissez-moi clarifier mon approche. Mon approche est toujours au niveau du principe et jamais individuel (personnelle), si l'on veut vraiment réaliser le pays.

Étant de la diaspora. Aucun d'entre nous n'en fait exception. Je me souviens qu'en 2002, Carlos Désinor (Directeur du Nouvelliste) m'accorda une entrevue à la télévision (en Haïti) où il s'était écrié avec envie, colère et fierté : Garnier je suis jaloux de vous parce que vous avez étudié dans les universités à l'étranger et que moi je suis obligé de rester au pays, vos enfants sont à l'étranger et les miens ici, jaloux de vous parce que vous n'avez pas connu nos misères, etc. Imaginez donc mon étonnement (je vous fais grâce des plus succulents entretiens) Je ne croyais pas mes oreilles, mes yeux ni moi-même. Il continua en disant : mais étant de la diaspora, vous n'avez aucun droit de nous dire comment gérer notre pays. Vous de la Diaspora vous pensez tout connaître, tout avoir, patati patata. (À la télévision s'il vous plait) Malheureusement, il est mort, le pauvre, quelques mois après. La veille, après avoir eu un entretien avec lui et abouti à cette fameuse entrevue à la télé (Mona Guérin qui m'avait déposé), je devais prendre le Tap Tap pour me rendre à Delmas 45 ou 53. Avant de partir il me dit de faire attention parce qu'on pourrait me prendre pour un CHIMÈ avec mon pack sac. Et tout de suite il ajouta, ne vous en faites pas vos lunettes vous sauveront. Votre allure leur fera comprendre que vous n'êtes pas un Chimère. Ça ira, ajouta-t-il. Il m'a remis le montant exact en gourdes pour payer, parce que je n'avais pas de monnaie.

Alors Bel-Ami, nous sommes tous dans le même bateau et c'est à ce stade justement que nous devons importants dans la saga de notre cher pays. Si nous avons des ressources intellectuelles, financières et stratégiques, c'est nous qui ferions bouger les choses par notre savoir, notre expérience, nos stratégies. Mais nous ne serons pas sur le terrain personnellement. Les soldats ont besoin de capitaines. Lorsque les soldats américains bombardent les terroristes en Afghanistan ou ailleurs, ce n'est pas lui personnellement qui pèse sur les gâchettes. En Irak partout, mais on dit que c'est Obama, c'est Bush. Je ne peux pas demander à l'avocat Bel-Ami d'aller prendre les armes pour aller se faire zigouiller par des assoiffés de pouvoir et de sangs. Par contre si la stratégie des défendeurs des droits de l'homme réussit, ce sera grâce à Bel-Ami. Lorsqu'Obama aide un pays financièrement, ce n'est pas lui personnellement qui transporte les mallettes bourrées de dollars.

Ainsi donc, mes propos dans cette circonstance proposent carrément le détachement personnel de prendre une certaine distance pour mieux évaluer le terrain d'action (à ce point, j'apprécie un commentaire de Jean G C à mon endroit qui finit ainsi : « *Ban mwen map ba wou. Pa ban mwen ou pap jwenn. Pèsonn pa ka gen tout. C'est la démocratie.* »)

Ainsi, mes propos emmènent au concept d'organisation, de gestion, de stratégie, d'action, de planification, d'éthique, de contrôle, de gestion de projets, d'études de faisabilité, d'implantation, d'ajustement, de vue d'ensemble, de feedback, d'ouverture d'esprit, de déconcentration, de décentralisation, d'ordre urbain, de DÉLÉGATIONS d'autorités et de pouvoir, de connaissances, de choix de cadres compétents, d'études, d'ateliers, d'organisation, de civilité, de tolérance, de transparence, de prise de conscience d'attribuer le pouvoir aux plus capables, d'éviter le mounpayisme (NÉPOTISME), etc.

Nombreux sont ceux qui ont trouvé la paix dans leur conscience parce qu'ils ont envoyé de l'argent pour aider Haïti, alors que dans certains cas ou pour la plupart, ils font plus de torts au pays que du bien. Ils encouragent la multiplication d'organisations (ONG) étrangères qui ne font qu'exploiter vilement les démunis. Savons-nous au moins comment fonctionnent ces organisations dites de charité + Wouj, par exemple. Sur 100 dollars collectés, Haïti n'obtient même pas un centime directement.

Pourquoi nous qui sommes riches en diaspora et depuis tout le temps que nous nous plaignions n'avons pas notre propre organisation de levée de fonds avec des programmes, objectifs, plan de sauvetage et de développement, etc., et l'imposer au monde entier de ma-nière transparente, même si nous engageons des ex-perts étrangers pour le gérer au tout début. Au moins, Gonaïves aurait ses digues et ne plus s'inquiéter pour les inondations à venir, nous aurions nos propres sécurités, nos points de distribution, au lieu de donner tout notre argent au Blanc qui rit de nous et empoche plus des trois quarts en frais de levées et d'administration et la balance distribuer au prorata avec les autres pays pauvres du monde entier. Nous devrions faire des recherches là-dessus et nous verrons la vérité. La croix rouge, en Haïti, a rapporté avoir dépensé 160 millions pour des tentes et autres servisses, alors que les sinistrés qui passent leur journée devant leur siège social ne savent même pas qu'ils existent. C'est la télévision des Blancs qui a fait le reportage. Je suis pour rien.

Pourquoi ne pourrions-nous pas nous-mêmes avoir notre propre Croix Haïtienne (pas Croix Rouge Haïtienne, mais notre CROIX haïtienne. (Parce qu'à l'étranger une bonne partie des levées de fonds sont financées par les Haïtiens. Là où je suis, il y en a eu plus d'une cinquantaine, et ce sont toujours les mêmes têtes qui donnent et redonnent généreusement. Personne ne sait combien de ces sommes qui sont acheminées en Haïti. Si nous commencions par faire comme les blancs, créer des organisations comme eux, mais, transparentes et crédibles, nous saurions exactement où nous avons mal au lieu de distribuer des bouteilles d'eau par hélicoptères aux déshérités trappés sur le toit de leur maison par l'inondation. Nous pourrions distribuer de la nourriture, construire des digues et des barrages pour éviter que l'inondation se reproduise.

Nous avons tout en main ; nous laissons tout aux autres et nous nous plaignons de ne rien avoir. Nous nous faisons humilier sans cesse ; pourquoi ?

Nous sommes coupables de nos malheurs et le 'blanc' le sait très bien et il en rit ! Nous oublions bien souvent que nos livres sont ceux des blancs. Ils voient tout à travers nous, et nous sommes des orgueilleux manipulés à cause de nos égos trop mal placés ; et je suis des vôtres. Prenons conscience !

Mes chers amis, quand j'ai parlé de cela, je voulais tout simplement dire que nous pourrons si nous le voulons.

La bonne action est soutenue par deux facteurs principaux : STRATÉGIE ET OPÉRATION.

Bel-Ami et Hervé, ma phrase se réfère uniquement à la STRATÉGIE. Je ne veux envoyer personne au bûcher. Merci REFLETS pour ta précision sur le langage. C'est seulement ce qu'il faut. Merci Jean G C, tu vois très juste.

Maintenant, il nous reste à nous tous de prendre conscience et de savoir que nous pouvons faire quelque chose pour le pays. Et il n'est pas trop tard. Il suffit que nous prenions le détachement qui s'impose, de prendre conscience de nous-mêmes, de parler le même langage, de s'entendre sur un plan d'action aux deux niveaux : stratégique et opérationnel, et enfin de mettre la main à la pâte, selon les compétences disponibles ; et le tour est joué !

Bonne besogne, mes chers frères et sœurs – BONNE PRISE DE CONSCIENCE, j'aimerai toujours mon pays parce qu'il est innocent. Le coupable c'est moi et moi seul (c'est-à-dire nous qui pensons l'aimer en nous attachant trop fort à ses problèmes sans penser à ses besoins.)

A P Jr
Les vicissitudes et les tourments de l'homme noir sur cette planète ne sauraient être ignorés et devraient nous inciter à mieux nous informer et apprendre à connaître l'histoire, mais nous devrions éviter de tomber dans le piège de l'éternel blâme ou de celui de la constante recherche d'un bouc émissaire, d'un responsable de nos misères, ou encore celui de l'auto flagellation pour dire que nous sommes tous responsables de la dégradation du tissu social, économique et politique d'Haïti. J'y vois un effet pervers de nos échecs incessants dans nos timides tentatives d'embrasser la modernité.

Je ne pense pas non plus que le problème de notre pays soit aussi simple et qu'il suffit d'éliminer par la force des armes un groupe d'individus et les remplacer par d'autres aux intentions plus nobles pour que nos déficiences séculaires disparaissent. D'ailleurs, l'histoire d'Haïti est tissée d'une suite d'évènements sanglants qui montrent que ce n'est pas la solution. La violence engendre la violence. La solution du problème ne réside pas seulement dans un changement de personnel ; mais elle nécessite également une prise de conscience nationale d'une nécessité historique d'un engagement collectif vers des objectifs de développement durable. Pour assurer la pérennité d'un tel engagement, les protagonistes devraient s'engager à RESPECTER les termes de ce « contrat social » quoiqu'il arrive.

E G
Merci Alphonse et je saisis l'occasion pour montrer que ton intervention est une illustration flagrante de ce que je viens de décrire. Il est vrai que les intervenants en général boudent les textes longs et font des commentaires assez légers sans vraiment considérer les subtilités.

Tu vas remarquer que tu es le deuxième ou le troisième intervenant à mentionner ou à interpréter une de mes comparaisons comme étant une suggestion à une intervention armée ou l'utilisation de la violence pour résoudre le problème d'Haïti, alors qu'il n'en est rien. En lisant de plus près, j'ai parlé de stratégie et surtout du RAPPORT DES FORCES, d'équilibre et de balance. Heureusement, et le remercie de tout cœur, heureusement que JEAN GARRY CHERY a tout compris d'un seul clin d'œil et l'a expliqué en ces termes que je reprends tels quels:

« Jean G C @ Eddy. Tu as une certaine raison parfumée de logique séculaire. Lorsque les forces, les intelligences et les déterminations sont égales, le résultat est obligatoirement LA DIPLOMATIE (dite DEMOCRACIE): le KAFOU ou les choses s'équilibrent. « Ba mwen map ba-w. Pa ban mwen ou pap jwen-n. Peson-n pa ka gen tout. »

Je n'ai jamais incité à une lutte armée ou d'assassiner qui que ce soit. J'ai simplement illustré le principe du rapport des forces.

Ainsi donc cela revient encore à considérer le principe DE PARLER LE MÊME LANGAGE.

Si à partir de ce forum il fallait condamner quel-qu'un, c'est certain que je serais fusillé, à cause qu'à un certain point nous ne parlons pas le même langage, alors que je m'évertue à me faire comprendre. J'ai parlé aussi de prise de conscience, c'est-à-dire de méditer sur chaque idée globale pour les mettre dans leur contexte, c'est-à-dire comprendre l'autre, car nous sommes chacun unique avec nos rêves, nos moyens, nos expériences propres.

M C-E
Is it my imagination or the women's comments are being ignored here?

E G
Oui Alphonse, c'est absolument vrai que « nous devrions éviter de tomber dans le piège de l'éternel blâme ou de celui de la constante recherche d'un bouc émissaire » c'est très malsain et conduit à la mentalité de miséra-bilisme. Mais encore là, il y a eu confusion de langage par la perception. La culpabilité collective que je suggère dans ce contexte est simplement le fait que nous sommes capables d'utiliser les ressources que nous avons actuel-lement pour un départ heureux au lieu de nous lamenter sans cesse et les propositions sont aussi là, par exemple, de créer notre propre CROIX HAÏTIENNE.

Ce forum pourrait aboutir à quelque chose de concret si nous prenons vraiment conscience de notre puissance et prendre le temps de bien réfléchir. Pour cela je félicite Hervé comme brillant facilitateur, quoique lui aussi à un moment donné m'a mal interprété. Il s'est écrié : Eddy a porté une accusation que je pense injuste. Je ne suis pas responsable de la défaite du peuple haïtien » Impossible Hervé, ni toi, ni Bel-Ami, ni moi, ni Alphonse, ni aucun de nous personnellement ne pourra être responsable de la défaite du peuple haïtien.

Cependant, nous sommes tous responsables de prendre les moyens nécessaires pour aboutir à un certain départ vers une réussite. La preuve, je crois que ce forum soit l'un de ces moyens, de ces outils. Il faut nous dissocier personnellement et considérer le problème sans y mettre nos émotions. C'est une de nos responsabilités.

A P Jr

@ Maryse - Je ne crois pas que les commentaires des femmes soient ignorés comme tu sembles le suggérer. Les intervenants de ce forum se feront un plaisir de commenter les éventuels arguments que tu auras à formuler...

@ Eddy - Comme toi, je suis sûr que quelque chose de bon peut sortir de ces débats. L'idée d'avoir une organisation crée par des Haïtiens à l'étranger et qui prendrait des initiatives citoyennes pour Haïti me plait bien. Cela me fait penser à l'organisation « Fon Koze » qui travaille avec les paysans sur des projets de développement communautaire.

Comme l'auteur l'a si bien souligné, le nœud du problème est que nous avons trop d'illettrés. La modernité implique une certaine trituration de l'esprit, je dirais une intronisation de certains concepts. Nous devons travailler à accroître notre indice de développement humain qui est lié intimement au degré de scolarisation. Plus ce dernier est long (10-12 ans), meilleures seront les chances de ces citoyens d'intégrer ladite modernité. Par modernité, j'entends le mode de vie contemporain. La scolarisation (je conviens avec Maryse que c'est un travail titanesque) permettra aussi de démythifier le savoir que nous considérons, comme un privilège de nanti. Elle favorisera une meilleure mobilité de l'individu à travers les couches sociales. De ce fait elle œuvra à réduire les tensions potentielles. En conclusion, la scolarisation est fonda-mentale pour maintenir une paix sociale durable. Mais comme Yanick l'a souligné plus haut, peut-on effecti-vement scolariser des gens qui ont faim ?

J G C

Les gens qui ont faim ont aussi soif d'un mieux-être qui ne leur sera acquis qu'au prix de la scolarisation. C'est l'un des endroits ou nous pouvons faire d'une pierre deux coups. Subventionnons des programmes de quartiers qui offrent pour commencer les bases éducationnelles supplémentées d'un « repas chaud » et nous verrons si au moins les gosses n'afflueront pas vers eux. Ils ne s'en porteront pas plus mal. Au contraire. Ils y verront même une infime lueur d'espoir. Nul n'est besoin pour nous de réinventer la roue, pour ce faire, car de tels programmes existent déjà sur le terrain et battent de l'aile difficilement. S'ils battent de l'aile, nous pouvons être sûrs qu'ils ne sont pas des NGO. Pourquoi ne pas les identifier, les recenser, les contacter et rentrer en pourparler avec eux en vue de développer et fournir les voies et moyens rationnels qui sont susceptibles, en fonction de leurs besoins, de les aider à s'enraciner d'abord puis à s'étendre ensuite?

Dans notre guerre contre la misère chronique qui tenaille notre jeune population la triture des cerveaux n'est-elle pas l'arme biologique la plus sure qui promette de délivrer le plus de résultats tangibles à long terme.

Voilà un objectif que pourrait se fixer la CROIX HAÏTIENNE (bravo Eddy) dans un premier élan. Ne nous serait-il donc pas utile d'ouvrir une page parallèle que nous consacrerions uniquement au développement de ce sujet. Ce simple petit projet pilote ne nous permettrait pas-t-il, peut-être, de jauger nos capacités ainsi que notre détermination de passer du stade de débats intellectuels sur un sujet à l'action rédemptrice sur le terrain?

H H F

Bien pensé, Jean Garry! Nous pouvons vraiment changer la face de la lutte en devenant des actionnaires, quelle que soit la forme de notre contribution, en participant direc-tement à des programmes d'éducation, de santé, de nutrition, d'éducation aux adultes, etc., ceci pour commencer l'année 2011. Qu'en pensez-vous ?

H H F
Cher Reflet, tes mots instillent de l'espoir en moi. Et je te comprends, nous devons enfin nous organiser afin de pouvoir contribuer le peu de ressources en mains (intellectuelles, matérielles, spirituelles, mécaniques) si au moins nous voulons voir des jours nouveaux en Haïti.

Hervé, toi, Michelle, Gerry, Josefa, Nirvah et tous les autres qui espèrent encore inspirer nos pauvres frères, soit par leur travail quotidien et/ou par leurs soutiens psychologiques, ont déjà gagne leurs rôles dans cette grande bataille.

Mille et un mercis pour ton intervention ce matin. J'en avais grand besoin. Télécharge ces « VAILLANTS MOTS d'ESPOIR et D'ALLIANCE » à tous.
Dr H-H F, Ph. D., N.D. LMHC

R S M
Je me réjouis d'entendre Harry-Hans, Jean Garry, Alphonse et tous ceux qui me portent à prendre cette conscience de l'espoir.

Il suffit maintenant, avant de se jeter tête baissée dans la lutte, que l'on s'entende sur les objectifs, les ressources disponibles et le LANGAGE COMMUN À UTILISER (Stratégie). Même s'il n'y avait apparemment aucun aboutissement concret, à l'issue de ce forum, nous devons être fiers de ce grand pas accompli, qui n'est pas influencé par l'émotivité et les égos non contrôlés. Bavo à nous tous. Et encore une fois un grand merci, en remerciant Hervé de son initiative, je reprends espoir, car dernièrement je fus traumatisé et découragé par la réaction violente, le rejet systématique, les insultes proférées par mes frères et sœurs sur FB, et qui sont partis de ma page d'amis et ils m'auraient lynché même sous le coup, au cours d'un processus similaire.

Hervé peut en témoigner, car il nous a suivis pas à pas en observateur futé qui m'avait souhaité Welcome (à cette vendetta – il savait). Il est nocif et mesquin de remuer des cendres du passé. Mais je crois que certains témoignages sont nécessaires pour aboutir à certains impératifs. Nous ne devons pas être rancuniers. Allons-y de l'avant, il doit y avoir de la place pour tout le monde sans exception. Encore une fois un grand merci. Et que la caravane parte de pied ferme.

M C-E
Quand il s'agit du bien-être d'Haïti, JE ferai toujours de mon mieux d'y participer dans la mesure de mes capacités, avec ou sans invitation (après tout, Haïti appartient à nous tous), et indépendamment des conflits de caste que certains, mais par le culte du moi, voudraient créer. C'est mon impression que ce groupe est plutôt sérieux vis-à-vis un changement réel et imminent pour notre pays et plusieurs ont déjà présenté leurs idées à l'implémentation de cet objectif commun. J'aimerais ici faire part de ma proposition tout en réitérant que sans l'union des ses fils et la cohésion de leurs idées, Haïti ne saura renaitre de ses cendres.

L'éducation est un plan valable et incontournable pour l'avancement de n'importe quel pays; nous sommes donc déjà sur la bonne voie. Néanmoins, notre souveraineté nationale est en jeu face à l'affluence des étrangers de tout poil et acabit s'accaparant du terroir présentement. Nous avons l'obligation de contrecarrer ce « Take Over » en due et bonne forme en usant les mêmes armes que nos éventuels « conquérants ». Ce qui consiste essentiellement et simplement à investir en Haïti autant que possible avant que ce ne soit impossible. Il est évident que nous ne serons pas tous à même de le faire au point de vue financier; mais que ceux qui sont en mesure s'y attèlent diligemment et que les autres aient la tâche de conscientiser nos compatriotes sur l'urgence de cette démarche avec la même fougue.

M J

Je lu les différentes interventions avec passion, avec espoir et détermination. C'est toute une nouvelle école de pensée qui remette en question ce que nous croyons être, et qu'en définitive, nous ne sommes pas. Monsieur Lemoine pense notre seule chance est un réveil qui ne doit plus tarder. À cette phase de conscientisation et d'actions que ceux qui sont prêts lèvent la main parce que ce ne sera pas une mince affaire, ce ne sera pas une gageure de refaire le chemin parcouru en sens inverse reconnaitre qu'on s'est trompé et MILITER pour un retour aux sources. Êtes-vous prêt à faire « le porte à porte » de ce nouveau courant de pensée ? Savez-vous qu'ils vont essayer par tous les moyens de vous décourager ? Vous serez étonnés de voir des gens sur qui vous comptiez employer l'ARME DE LA CALOMNIE POUR VOUS DISCRÉDITER AUX YEUX DU MONDE ! MOI JE SUIS PRÊTE ET VOUS ?

H F-L

L'appel à la libération lancé par Toussaint Louverture et repris par Jean-Jacques Dessalines est de nos jours, trahi par ceux qui continuent à supporter le rétablissement de l'ordre universel. Le mauvais génie de l'homme, de concert avec cet ordre, travaille contre la nature même, violentée, outrageusement exploitée pour ses ressources. Dans le cas d'Haïti, le peuple est complètement spolié de son sol et de son âme.

Inscrite dans la Déclaration des droits de l'homme et du citoyen (1789), l'abolition de l'esclavage fut officiellement proclamée en 1848, quarante-quatre ans après l'abolition de l'esclavage et de la proclamation de l'indépendance d'Haïti, le 1er janvier 1804. Dès lors la Terre-Nouvelle supportant le symbole de la liberté a été le champ de bataille de certains pays coloniaux qui refusent les droits d'émancipation et d'évolution à la nouvelle génération d'Haïtiens.

L'alliance des ethnies venant de Ginen (l'Afrique), « sans-nom », « sans-patrie » a été faite et inspirée par l'alliance manifestée autour de la croyance ancestrale : le Vodou. Le vodou a dès lors représenté l'essence immuable de la conscience (poto mitan) du Moi, retournant à la conscience ancestrale qui lui a sans doute permis de se réveiller. La communion autour du Poto Mitan le mit en face de sa réalité, lui permit de reconnaître qu'il était quelqu'un et qu'il pouvait s'ex-primer. La conscience s'étant éveillée s'est manifestée ; il avait alors droit à la vie :

Il a choisi de « Vivre Libre ou Mourir ! » Et il s'est libéré.

Pour de nombreux observateurs, Haïti représente encore un défi. Un défi qui semble avoir dérouté l'ordre établi des 17ᵉ et 18ᵉ siècles. Cette terre qui dans la mémoire de plus d'un, évoquait un souvenir vers la Terre – Mère ; Aïti, la taciturne qui depuis la révolution de 1791-1803 menée par les Africains mis en esclavage, se trouve aujourd'hui engagée dans une lutte de survie perpétuelle où la libération mentale de ses fils et filles doit se manifester.

Hervé Fanini-Lemoine
Face à Face autour de l'Identité Haïtienne p. 79

@ H H François - Pour ne pas ignorer votre demande d'éclaircissement concernant la phrase suivante, « Car la peur et la faim sont les armes les plus terrorisantes qui peuvent maintenir un peuple dans l'ignorance totale », je vous laisse temporairement le soin de consulter ces quelques lignes puisées du grand livre de l'Occident :

« Vous détruirez tous les lieux où les nations que vous allez chasser servent leurs Dieux, sur les hautes montagnes, sur les collines et sous tout arbre vert. [...] Vous renverserez leurs autels, vous briserez leurs statues, vous brûlerez au feu leurs idoles, vous abattrez les images taillées de leurs Dieux et vous ferez disparaître leurs noms de ces lieux-là. »
Deutéronome 12:2 ....

H H F

@ Hervé - Et j'en déduis : « oui, la peur (oppression, abus de pouvoir), la faim (l'impossibilité de se nourrir) et l'ignorance (le fait de ne pas être éduqué ou exposé à l'information) restent aujourd'hui les armes les plus utilisées à travers le monde afin de garder un groupe dans la captivité. »

Mon cher Hervé, toi et moi partageons les mêmes idées et détestons ces mêmes sophismes surannés qui se pratiquent encore en terre natale. Ce n'est pas que je te prends à coeur, c'est plutôt l'aspect fluide de l'expression qui m'avait attiré. J'essayais d'incorporer ta phrase dans le jargon de mon métier. Zut ! Je ne pouvais pas. C'est, en effet, là les raisons de ma requête.

Passons, chers compatriotes, et continue ton boulot. Nous n'allons pas nous distraire de nos énergies à cause de quelques mots mal placés. Vaugella nous aurait fourni le même conseil. À savoir: « si ça fait du sens, tant mieux.»

Encore, mille et un mercis pour ton courage. Haïti a grand besoin de ton inspiration.

Bonne journée !

G-E F

@ Hervé - Je te remercie d'avoir rédigé un texte, dont le titre: « Le Nègre Contemporain », met face à face « l'Indigène » et « l'Exogène. »

L'indigène, en tant que racines culturelles des luttes ancestrales, devrait épicer notre déterminisme historique et notre fierté de peuple. Ceci, la même ou l'exogène, insouciant et glacial, s'en vient balayer et combler de sable, la source intarissable de notre identité en tant que peuple-nation. Partant de ces critères, convenons ensemble que « Le Nègre Contemporain » ne diffère nullement du Nègre d'Antan. Aujourd'hui, la psycho dynamique du nègre a changé à bien des égards, pourtant, les infections qui rongent le tissu originel de la négritude n'ont pas muté. Hervé, le nègre n'a pas changé, mais son indolence a pris des proportions gigantesques. À cet effet, je ne cesserai jamais de répéter que la crise du nègre « contemporain » ou autre est attitudinale et de chronicité navrante. Tu as donné de l'essor à cette dimension tragique dans ton œuvre écologique intitulée « FACE A FACE autour de l'Identité Haïtienne. »

Les élites saines ont déserté notre pays. Les grandes révolutions ont été concoctées et conduites par des rejetons conscientises d'affirmation bourgeoise progressiste. Une bourgeoisie amorphe devient partie prenante d'une crise qu'elle aide à perpétuer. J'ai jugé bon de faire cette mise au point avant de procéder à la dénonciation de l'échec catastrophique de nos élites.

Herve, ce sont nos élites, de concert avec les grands manitous de la Communauté Internationale, qui ont la distinction de fomenter et de consolider les bases du statu quo qui prévaut au pays. La peur et la faim, en tandem constant, ravagent sans merci la dignité citoyenne et débouchent tôt ou tard sur la violence fratricide.

Un processus de redynamisation de l'étoffe civique serait un bon point de départ pour tenter de diluer la démence de cette déchéance à laquelle tu as alludé. Une dissection judicieuse de la dialectique cartésienne, cogito, ergo sum, puisque je pense, je suis, augurerait à la conscientisation véritable des citoyens laissés pour compte dans notre société locale. Si nous continuons d'investir notre énergie collective à couver l'incertitude et à nourrir les déshérités qui meublent notre honte globale, de détritus, la violence déjà rampante aura trouvé asile permanent au sein de cette société en décombres.

Nos élites ont fourvoyé et s'enlisent dans l'émasculation des valeurs indigènes, supportées par ce mépris exogène cynique, froid et intolérable.

Pour héberger de manière patente la « Connaissance Affranchissante », le climat et le terrain caractériels devront être labourés, et les sentiers aplanis. La déchéance du peuple est monnaie courante dans le contexte génocidaire ou évolue la masse en Haïti.

Finalement, Einstein est dans sa célèbre dans sa mise en garde intime que nous ne pouvons répéter les mêmes inepties et nous attendre à des résultats rédempteurs. Notre rôle collectif, désormais, serait de démasquer publiquement les protagonistes ou encore le conseil facultatif de la gérance du statu quo, puis d'en prendre le contre-pied avec une dose forcée de bravoure ancestrale.

Une société où les élites conscientes prônent l'inconscience risque de disparaitre dans un tourbillon de violence !

J G C

@ Hervé - Référence dernier commentaire concernant le grand livre de l'Occident. *Ayibobo pou wou*. Tiens bon, vieux frère !

Commentaire adjoint:

Un peuple ne sera jamais conquis tant que son « Esprit » demeure fort (son esprit de « Race », son « Egregore »). Ce dernier est la source dont il puise sa force, son génie, collectivement et individuellement. Pour ce, cet egrégore est donc nécessairement la « cible » à abattre par quiconque est en mal de conquête. Nous en voyons bien la preuve sur le terrain: ILS SONT LÉGIONS CES VAUTOURS DE TOUTES TRAMPES ET PLUMAGES. Cette guerre psychologique bat son plein et nombreux sont ceux qui sont dans la déroute (déroute comme détournée) de leurs chemins propres. « Yo pèdi »). Ils sont devenus les brebis égarées qui ont besoin d'un nouveau berger pour les guider. En ce qui les concerne, le tour est ainsi joué.

Pourtant, ce même « best-seller » contient aussi la parabole de l'Enfant Prodigue; prodigue, fut-il, pour avoir dilapidé tous ses biens ancestraux à la recherche de ce qu'il possédait déjà (mais en lesquels il n'avait pas cru, du moins pas encore). Ce faisant, ne s'était-il pas assujetti à un tribut (maitre) beaucoup plus dur?- Luc 15: 11–32.

La suite du même « canon » semble aussi suggérer que, même face à l'adversité, les mêmes armes peuvent être aussi utilisées pour éduquer et combattre au besoin. L'histoire, en son entier, contient aussi nombre d'enrichissantes morales, en condensé, qui pourraient faire l'objet de bien de réflexions. Les interprétations ne sont pas simples, mais elles peuvent l'être pour qui le veut sans devenir pour autant un simple d'esprit.

Pour finir, que penses-tu de cette anecdote « Africaine » dont je ne me souviens malheureusement pas du nom de l'auteur: « Il fut un temps ou les missionnaires avaient toutes les bibles et nous avions toutes les terres. Aujourd'hui, nous avons toutes les bibles, mais eux, ils ont toutes les terres ».

Adaptation moderne: « Il fut un temps ou les NGO's avaient tous les programmes et nous avions toutes les terres. Demain, aurons-nous tous les programmes et eux toutes les terres ? ».

TROP DE LAIDEURS, PEU DE LEADERS

-2-

TROP DE LAIDEURS, PEU DE LEADERS

J'aurais voulu obstruer l'orifice de mes glandes lacrymales pour que ne coule plus sur mes joues ce liquide salin qui strie mes lobes oculaires. Mes frères meurent et dans cet achéron de corps de tout âge, je ne peux taire cette rage qui s'empare, lentement mais surement de moi. Le chiffre 3 reste en prévalence dans les estimations 300,000 le 12 janvier, 300 morts hier dans l'Artibonite. Entre temps tout suit son petit bonhomme de chemin. Quand va s'arrêter ce cortège de malheur ? Ceci ne dépendra que de nous de prendre les choses en main ou de continuer à accepter que personne ne gère vraiment, et que notre peuple, stoïque comme lui seul, s'autogère avec les moyens du bord, ses ingéniosités, sa résilience pour toute arme.

Entre leaders et laideurs nous cherchons quelqu'un à qui confier la tâche, comme si là, devrait s'arrêter notre choix de nous défaire de nos responsabilités individuelles, face à ce qui n'a que trop duré. N'est-il pas vrai que nous excellons dans l'art de rejeter les responsabilités sur l'autre ? J'ai encore l'image de ces deux Haïtiens déambulant une route de la capitale à se raconter chacun à son tour des blagues, brusquement, l'un tombe dans l'ouverture baignante d'un égout et une fois sortie du trou regarde l'autre en lui disant : ou we saw fem ? Comme si son interlocuteur était responsable par le fait de lui faire rire qu'il soit tombé dans cette excavation. C'est peut-être un aspect psychosociologique de notre réalité, mais les torts il faudra bien qu'on se les donne un jour en se regardant bien en face. Le gouvernement en place sera imputable peut-être de son inactivité, mais pas des conséquences de nos inconséquences, elles lui précèdent.

Quand le politique échouera, il faudra se dire nous avons mal choisis. De catastrophe en catastrophe, je suppose que les vrais problèmes se poseront dont celui de l'éducation. Qu'elle se fasse de manière médiatique sur de simples problèmes d'hygiène, elle devra se faire. Qu'elle se fasse de manière orthodoxe, elle devra se faire, et je l'espère dans le sens de l'équité et de l'égalité. La même chance pour tout Haïtien quelque soit ses origines et la position géographique de son domicile sur le territoire. Avec ou sans l'État, elle devra avoir lieu, ne serait-ce que pour pallier à des situations dramatiques comme la mort de trois cents personnes, qui si elles savaient et si elles s'étaient plus ou moins réhydratées ne seraient pas mortes. Instruction oui, parce qu'un cerveau n'a ni appartenance sociale ni pigmentation de peau, il est juste une intelligence que l'on cultive et qui devient demain, créatrice de richesse. Le premier d'une classe, n'est pas celui dont le père à la plus belle voiture, mais l'élément le plus brillant ou le plus studieux. Dans une société qui se respecte, un cerveau n'est utilisé et encadré, mais pas ostracisé, parce qu'on sait ce qu'on peut tirer de ses méninges. Il nous faut sortir du cycle de celui qui crache sur la connaissance de l'autre, parce que c'est son seul moyen de se mettre en valeur. Combien de fleurons de notre intelligentsia aurions-nous perdus si des gens de chez nous n'étaient partis parfois sur des bateaux de fortune vers les cotes américaines, où malgré leurs maigres revenus, leurs fils et leurs filles ont trouvé le pain de l'instruction. Nous n'aurions pas aujourd'hui tout ce creuset d'ingénieur d'avocat de techniciens de tout ordre aujourd'hui : sans parrains ni magouilles. Nous aurions perpétué cette perte d'opportunité et cette perte de la plus grande des richesses, la formation.

Mais qui suis-je, un grain de sable comme vous autres, qui percevez dans ses moments de lucidité, ou de lubie certaines choses. J'ai comme vous, je le souhaite, un rêve : celui de retrouver l'honneur de nos ancêtres, dans la dignité et dans l'équité, parce que nous sommes d'une race particulière que si elle s'y met peut tout faire et étonnera un jour encore le reste de la planète. Le monde nous suit, perplexe, en se posant bien des questions, sur notre vrai sens des valeurs. Prioriserons nous encore, le vol, l'injustice, le « patripoche » « le lesse grenen », le « moun sa yo », en lieu et place de la seule vérité non négociable : Haïti d'abord ! De grâce, faites la guerre à mes larmes, j'aimerais voir ma cornée libre pour contempler les merveilles de mon pays, le votre ; la première nation noire à avoir défié et vaincu, contre toute attente, la plus grande armée occidentale. Deux cents ans ne sont que la somme de quatre grands-pères de cinquante ans. Ce n'était pas jadis, c'est hier !

Hans Peters

S P
Hans Peters! Tu as tout dit! Rien à ajouter ! Mes compliments! On se rejoint. Non, tu n'es pas un grain de sable. Plusieurs grains ont décidé de se regrouper au bord de la plage afin de devenir une montagne gigantesque de SABLE sur laquelle montagne seront construites des actions tangibles dans le redéveloppement de notre Mère Patrie. Je suis de la partie et Haïti sera sauvée.

Prends espoir, ce n'est qu'une affaire de délai TRÈS COURT!

N M
« Instruction oui, parce qu'un cerveau n'a ni appartenance sociale ni pigmentation de peau, il est juste une intelligence que l'on cultive et qui devient demain, créatrice de richesse. » « Dans une société qui se respecte, un cerveau n'est utilisé et encadré, mais pas ostracisé, parce qu'on sait ce qu'on peut tirer de ses méninges. » Très bien pensée Hans, je le partage.

M L W
Mes compliments Hansy; bien dit !

C J

Hansy, je ressens ta douleur. Va dans ta boite de message.

C E D

@ Hans, seule l'histoire aura le dernier mot et ta conscience est du bon côté, car ta cause est juste et humaine. Tu n'as qu'à être patient !
Patriotiquement votre !

Y F

Merci Hans de ta profonde réflexion. Tristes et poignant ce que tu ressens, nous le partageons et comme toi, nous avons espoir que « Ce n'était pas jadis, c'est hier », et ce sera surtout demain pour une renaissance, une réédification d'Haïti, une reconstruction vers la route du progrès.

C P

Hansy, comme c'est bon, comme c'est beau d'entendre ton cri du cœur ! L'Haïtien est poète dans l'âme et puise trop souvent sa force de ses profondes douleurs. Puisse-t-il un jour œuvrer pour permettre à son pays et à sa nation de renaître de ses cendres et de montrer de quoi il est capable ? Nous sommes un peuple UNIQUE, nous sommes un peuple exceptionnel, il faudrait que nous en soyons nous-mêmes convaincus pour le clamer et être reconnus aux yeux du monde entier. Le jour où nous aurons compris que le changement de ce pays doit d'abord commencer par un changement de notre mentalité, de notre attitude vis-à-vis autrui, nous commencerons à voir la lumière au bout du tunnel et alors, tous nos fils reviendront pour redorer le blason de notre pays ! Compliments encore pour ces touchantes réflexions qui nous interpellent, nous qui voulons le meilleur pour Haïti !

H J. J-G
Heureux qui gardent encore la grâce de sentir, de souffrir, de pleurer les larmes assainissantes de la vérité. Puissent-elles confluer en un torrent d'actions.

H P
Cher Harold, magistralement rédigé et, en peu de mots. Bienvenu ! Je sais que tu as beaucoup à dire. Sache que la contribution de chacun d'entre nous est importante, elle permettra d'ajuster ce qui devra l'être. Haïti d'abord, et Haïti avec tous ces enfants !

En réponse à la note de Hans Peters :

> *« J'ai comme vous, je le souhaite, un rêve : celui de retrouver l'honneur de nos ancêtres, dans la dignité et dans l'équité, parce que nous sommes d'une race particulière que si elle s'y met peut tout faire et étonnera un jour encore le reste de la planète. »*

Hans, mon frère, en quelques notes sur FB et en quelques paragraphes, tu es devenu par la force de tes réflexions et la beauté de ta plume (que tu le veuilles ou non) la Conscience de ton réseau. Je te voue mon respect et mon admiration. Comme toi, je contemple les scènes pénibles de notre quotidien de peuple, et je pleure, j'enrage, je me cogne la tête contre des murs invisibles, je suis rempli de frustrations, et je pleure.

Tu l'as bien dit, haut et clair : il est de Leur Faute, certes. Cependant, il est de Notre Faute également ! Et aujourd'hui, acculés, le dos contre le mur, nous sommes forcés à confronter les conséquences de nos inconséquences. Ils ne viendront pas résoudre nos problèmes ! Non ! La tâche revient à toi et a moi, à nous ! Nous sommes tous des témoins. Nous sommes tous responsables du sort et de la destinée de notre Haïti. Les réponses et les actes correspondants ne peuvent venir que de nous.

Que nous soyons parti de cette longue lignée de leaders corrompus et incapables ou pas, peu importe ! Nous aurons à répondre à nos enfants. Pire encore, nous aurons à répondre à nos Pères qui se sont sacrifiés jusqu'à l'ultime pour nous confier cette patrie ou nous vivrions « Souverains et Libres ». Notre silence et notre inaction seront traduits comme accords tacites. Je ne pourrais jamais porter ce message à mes feux parents, à nos ancêtres. Je ne le pourrais jamais !

J'en ai marre de constater que notre fière nation, qui a produit et qui continue de produire des hommes et des femmes de grand savoir, des citoyens capables, choisisse plutôt de les « forcer dans un exil » au lieu d'œuvrer vers l'établissement des conditions qui leur permette une vie digne et décente, chez eux. J'en ai marre de cette exaspération de tant de « chose haïtienne » qui me colle à la peau. Je veux être libre ! Libre de pouvoir respirer l'air du temps en sachant que tous nos frères et sœurs peuvent eux aussi se gorger de cette bouffée d'oxygène ! Nous voilà au fond de ce puits immense. Je proposerais que nous commencions la marche vers le sommet aujourd'hui, Hans !

Si tu permets : à date, tu as un décompte de près de 1300 « amis/es » dans ton réseau. Je propose que tous, réunis autour de toi, nous choisissons d'aider une douzaine d'enfants démunis. Simplement une douzaine ! Nous en prenons la responsabilité de leur garantir une éducation de la maternelle, jusqu'à leur formation universitaire. 1298 ensembles, contribuant 5.00 $ par mois (60.00 $ /année), nous pouvons le faire. Ce modèle des « Enfants de Hans » peut inspirer d'autres réseaux qui se chargeront de leur garantir l'accès aux soins de santé et à l'eau potable. Un autre réseau ou sous-réseau s'occupera de leur garantir un toit, ainsi de suite...

Le problème est immense certes, cependant pas les solutions. Nous sommes les leaders que nous avons attendus toute notre vie. À la tache !

Fanfan Negokap

J C J

En avant ! En avant! Les boulets sont de la poussière !

C E Derose

Fanfan, quoique noble ta démarche, elle ressemble à une capitulation, et j'apprécie beaucoup tes nobles sentiments à l'égard du pays. Mais je dois te dire qu'il n'y aura pas de sauvetage individuel ou sectoriel. La barque nationale est en train de couler, l'on ne peut envoyer des boues de sauvetage pour quelques enfants. Toi petit fils du Roy Henry Christophe, imagine Dessalines qui se décida a sauver quelques esclaves, qu'adviendrait-il des autres ? Notre problème est un état antinational qu'il faut reformer et rendre responsable ceux qui le sont. Ce n'est pas aussi grave, à comparer à la tache de nos ancêtres ; nous avons besoin de nous unir et de prendre la destinée de notre Nation en main. Avec tout le respect que j'ai pour toi, salut!

Patriotiquement votre !

H P

Je suis avec toi FanFan fais moi savoir ou comment et quand verser cette contribution. Si ça doit commencer comme cela je m'embarque, maintenant, mais ma tâche ne s'arrêtera pas la. Je profite aussi de l'occasion que tu m'offres d'encourager ceux qui le veulent à contribuer à un Projet intitulé Haïti École initié par un membre de la communauté des Haïtiens vivant à l'extérieur, Madame Gina Hortance, auquel je prête main-forte. Passons à l'action sans jamais nous arrêter ; Haïti a besoin de tous ses fils.

@ Charles - Commencer est ouvrir la porte à une immensité de possibilité. Il faudra quelque part canaliser les énergies avec la même moto Haïti d'abord ! Venir avec des plans, les adresser et faire des propositions réalisables. Il ne faut surtout pas limiter ni contenir la volonté et la détermination de faire.

E S B
Charles, sais-tu que je n'ai pas du tout ressenti cette « capitulation » dont tu parles ; au contraire !
Et aussi minuscule que peux te paraitre, le geste ou ce « sauvetage », comme tu dis, et même si à ton avis cela ne vaut pas la peine d'en sauver juste quelques-uns et pas la Nation tout entière.
Et même si personne d'autre que nous ne remarque jamais cette petite goutte d'eau apportée à la mer, le geste reste à faire !
Il demeure important de « sauver » ce qui peut être sauvé ; chacun dans la mesure de ses moyens et même s'il ne s'agit que d'une douzaine d'enfants.
Imagine un peu ! Mais regarde les donc devenus cette douzaine d'hommes et femmes CAPABLES, parce qu'instruits, « sains » de corps et d'esprit ! Imagine ce qu'ils seront alors dans leurs communautés !
Imagine un peu les rapports futurs de cet investissement ! Investissement qui sans nous ôter le pain de la bouche, ne nous rapportera à nous, rien en termes financiers, mais tout a cette poignée d'hommes et de femmes et de ce fait au Pays !
Et puis, qui sait si cet exemple, comme le dit si bien Fanfan, ne sera pas suivi de bien d'autres chacun dans le domaine qui le touche le plus.
Étant plusieurs centaines de milliers ici et la, si, ne serait-ce que quelques-uns, décident d'en faire autant, imagine déjà le nombre de « gouttes d'eau » que ca fait.
Pas assez peut-être, pour faire « grossir » la mer, mais quand même de quoi remplir plusieurs « réservoirs » d'espoir !
Nous sommes tous descendants des « Pères » de la Patrie !
Nos ancêtres ont tous combattu en hommes et femmes « debout », défiant fièrement la mort faisant face au « fer » avec n'importe quoi, *ke l te baton, roch, osnon*

fey bwa ! Aussi nous leur devons, comme nous le devons à nous même, d'en faire autant, mais cette fois-ci c'est contre l'adversité, l'ignorance, la magouille et la peur que nous nous battrons ! Même si nos « armes » sont réduites à n'être que nos idées, le volontariat et /ou du papier de couleurs variées venant d'autres Pays et ne valant pas grand-chose sinon le devenir d'un enfant haïtien ou d'une région de notre Pays.

C'est par un pas un seul, même hésitant que commence tout voyage!

« Grenadiers à l'assaut » ; notre Vertières est là !

C E D

Elizabeth pour chaque enfant sauvé des milliers seront perdus à tout jamais, des générations sont broyées par la misère et l'ignorance, nous avons les moyens de changer l'état qui est le la source de nos déboires, mais peut être pas la volonté. Ce peuple a assez souffert à cause de l'indifférence de nos dirigeants, même ces élections présentent pour nous une opportunité pour reprendre notre destiné en main. Je suis sûre que l'un de ces candidats peut être bien intentionné. Il y a des solutions, mais elles sont à la mesure de notre imagination. La maison est en feu je le répète, il n'y aura pas de sauve-tage individuel à un problème national il faut des solutions à la dimension du problème, cela n'empêche pas que des âmes bien intentionnées de faire du bien, mais ce n'est pas un palliatif pour l'immensité de la tâche à accomplir le temps presse l'heure est a l'action. Hans, tu es un home crédible ; je suis sure que si tu nous demandes d'appuyer candidat X ou Z pour tourner cette élection à notre avantage et portez le nouveau gouver-nement à adopter des mesures pour restructurer nos institutions après quoi tous les enfants pourront être alphabétisé. C'est un problème systémique dont la solu-tion doit être systématique. La refonte de L'État !

L'opportunité est là, il faut le saisir !

Patriotiquement votre !

E S B

Possible en effet ! Mais bon, comme de mon vivant, il me reste encore à rencontrer un tel homme !

Vois-tu, fort malheureusement, je n'ai plus vingt ans, j'ai donc dépassé l'âge où l'on pense pouvoir « changer le monde », juste parce qu'on le veut et parce qu'on le trouve injuste.

J'ai aussi « découvert » entretemps que « le pouvoir souvent agit comme une drogue » et que même arme des meilleures intentions du monde, l'homme , une fois qu'il est à la tête, ne serait-ce que d'une petite entreprise aller voir d'un Pays une fois qu'il est en position de force, une fois qu'il est « chef », l'homme souvent se laisse « griser », au point de ne plus voir que ses intérêts propres ou quand il est vraiment généreux, ceux de ses courtisans.

Aussi à mon avis (mais c'est le mien évidemment !) Sans faire de politique et sans forcement appuyer celui-ci ou celui-là, pouvons-nous toujours faire quelque chose aussi petit soit-il.

Et si un jour cela plait en « haut lieu » et bien tant mieux ! Peut-être qu'alors ce « haut lieu » suivra-t-il l'exemple et qu'en s'en donnant les moyens, il aidera à ce que s'étends à tous, ce à quoi tout être humain a droit ! ;-)

F N

Charles, mon frère, je m'excuse si je n'ai pas pu traduire mes pensées avec assez d'exactitude. Mon commentaire ne se veut en aucun cas une « capitulation ». En fait, inspire par la pensée d'Hans, l'orgueil fouetté, je voudrais plutôt signaler que notre salut, le salut d'Haïti est entre Nos mains. Tu acquiescerais que nous sommes l'État, n'est-ce pas ? Tu acquiescerais également que nous sommes les Leaders auxquels nous faisons appel ? Christophe et Dessalines n'ont pas apparu spontanément sur la scène. Boukman, au Bois Caïman leur avait préparé le chemin.

Le changement dont nous rêvons tous doit commencer par Nous, Charles mon frère. Il Nous revient de démontrer comment résoudre Nos problèmes, avec les moyens à Notre portée. Il nous revient de satisfaire à nos besoins et d'indiquer clairement aux leaders « officiels » ce que Nous attendons d'eux. Je ne prétends pas être capable de le faire tout seul. Je suis pour autant persuadé que, si nous commençons par ce bout, d'autres seront inspirés à suivre un exemple score de succès. La multiplication de ces petites démarches, de ces « petits Bois Caïman » produira des résultats énormes, la nouvelle révolution vers un état tel que rêvé par Nos Peres et Mères. Christophe, souviens-toi s'est charge de la protection du Nord, non par égoïsme ou manque de patriotisme. Il s'était bien rendu compte qu'en offrant l'exemple, ses frères des autres régions prendraient des mesures similaires pour assurer la protection du reste du territoire.

Changer notre système, changer notre mentalité et réaliser « L'Union Fait La Force » dépend de moi, en premier lieu, de mes actions. Il dépend de Hans, il dépend de toi, ainsi de suite... Nous n'avons plus le choix d'indiquer Les Autres comme les « responsables » de nos maux. Le malade est sur son lit de mort. Le temps est à l'Action. Sa survie est entre mes mains avec les moyens dont je dispose. Sa survie est entre tes mains également, mon frère. Respectueusement !

C E D

On n'a déjà essayé en 1990 l'homme n'était pas à la hauteur de la tâche l'important dans la vie c'est d'essayer même si les choses ne marchent pas comme on l'espérait, on se remet à la tâche et l'essentiel ce n'est pas de se décourager, pour des raisons de géopolitique on ne peut pas entamer une révolution armée qui n'apporterait que plus de misère à la population. La politique est l'art du possible ; il ne nous reste que l'arme des élections, et je ne considère pas dans le domaine de l'impossible de trouver quelqu'un qui nous aidera à mettre le pays sur la bonne voie. Quand je parle d'un homme, je parle de quelqu'un qui peut cristalliser nos aspirations de peuple ; je parle d'un mouvement ! Tous les pays de l'hémisphère on réussit à le faire ; ils n'ont pas plus d'habilité que nous, mais la différence c'est qu'ils sont toujours prêts à s'unir ; et c'est là notre problème !

@Fanfan on est sur la même page mon frère. Je voulais surtout mettre l'accent sur l'urgence, l'étendu de la tâche et les moyens à notre porté, que ce soit toi, Elizabeth, Hans, et votre serviteur, notre passion c'est le pays et c'est ce qui compte. Patriotiquement !

H P
Je m'excuse d'être aussi long!
Charles effectivement sur bien des points tu as parfaitement raison. Mais puisque nous nous entendons sur notre devoir de faire, pourquoi ne pas canaliser ces énergies. Parlant de politique il nous faut des plans. Les seuls plans cohérents que j'ai eu l'occasion de voir sont ceux de:

1.- Judie C R
2.- RDNP
3.- RESPE

Prenons les personnes appelées à les exécuter autour de quatre critères: plan, poigne, crédibilité, suffrage. Madame Judie C Roy a trois de ses critères, mais n'a pas le suffrage nécessaire pour être élue. Madame Manigat a, le plan la crédibilité et le suffrage, mais n'a pas l'âge idéal pour abattre un tel travail. La seule personne de manière rationnelle qui réunit tous les points est Monsieur Charles Henry Baker soit : le plan, la poigne, la crédibilité, et le suffrage nécessaire. Si le travail est bien réalisé, la personne élue pourra briguer un second mandat. Cinq ou dix ans de bonne gouvernance suffiront amplement pour améliorer de beaucoup les conditions actuelles et une fois le pas amorcé tout successeur se devra de faire pareil ou mieux. Je me permets d'ajouter un nom à la liste Michel Martelly pour qui je pourrais avoir une prédilection particulière à voter, parce que c'est un ami de longue date et que nous sommes de la même génération. Michel à la poigne qu'il faut, il a un plan dont il n'indique pas les moyens d'exécution, certains problèmes de moralité affectent sa crédibilité, il a par contre le charisme et le suffrage nécessaire, et je pense qu'il est sincère.

De mon coté, le candidat que j'appuie est Charles Henry Baker, pour moi il est la seule personne qui au péril de sa vie est descendue dans les rues pour dire non à l'innommable en 2004. Il a un plan qui pour moi est cohérent. Il aurait pu rester dans le confort de son bureau ou de son salon et vivre comme à l'accoutumée, mais il ne l'a pas fait. Il a choisi d'être avec les paysans, les démunis, pendant que même son secteur naturel de relation sociale ne l'appuyait pas.

Mais ce que tu me demandes de faire Charles par conviction personnelle d'homme libre, je ne veux imposer à personne des choix qui me sont personnels, même si à mes yeux Baker est un homme de 2004 à nos jours qui a toujours promis et fait ce qu'il disait. Comme le souligne Élisabeth, il y a des risques dans tout choix de personne, surtout en politique, mais j'opte pour ce risque au lieu de me voir dirigé demain par des gens, qui seront dans l'incapacité de réaliser les choses les plus simples. Mais ceci est encore une opinion personnelle.

D'un autre côté Charles, je ne pense pas que le sauve-tage d'Haïti soit essentiellement politique. La machine étatique est tellement tronquée qu'une mobilisation citoyenne aurait à mon avis la chance d'éradiquer beau-coup de maux. N'est-ce pas une mobilisation d'esclaves qui nous a amenés à l'indépen-dance. Nous excellons dans des mouvements de groupes. Parallèlement au politique je resterai mobilisé parce que je me conçois aujourd'hui, plus en Haïtien qu'en politicien que je ne suis pas d'ailleurs. L'amour de ma patrie prend toujours le dessus. La politique divise le patriotisme crée la synergie. Soit dit en passant patriotiquement je vous adore tous et je suis sur que nous trouverons la solution, ne fermez surtout pas la porte sur ce que dit Charles sa contribution au futur pourrait être énorme. Haïti a besoin de tous ses enfants et Charles à beaucoup de choses à dire qui nous seraient utiles.

L M
Feu Me Louis Toussaint nous répétait sans cesse: « Les problèmes d'Haïti sont complexes, mais leurs solutions sont simples » ; ceci, pour corroborer ce que tu affirmes dans ta conclusion.

C E D
Merci Hans pour tes mots chaleureux. Je voudrais tout simplement éclaircir quelques points en ce qui a trait à mon intervention sur la réplique de Fanfan. Mon intention n'était pas d'antagoniser mon cher ami que j'ai appris à apprécier. C'était tout simplement une divergence de vues dans la recherche d'une solution aux problèmes du pays. Je pensais tout simplement que sa proposition n'allait pas assez loin vu l'urgence et l'état de dégradation de la situation; sa position vaillamment défendue par Elizabet est comme on dit en créole « pise crapo fe la rivyè koule » ou une politique de petit pas qui à mon humble avis ne répond pas à l'urgence et à l'énormité de la crise, mais qui est noble néanmoins. Mon approche de la situation est de préférence HOLISTIQUE qui veut dire dans sa totalité où les différents aspects se rejoignent. C'est la raison pour laquelle je mets l'État à l'épicentre de toute solution fiable et durable. Et j'ai les faits pour de mon côté, après près de cinquante ans de ces interventions sporadiques sectorielles et une pléthore d'organisations et d'église travaillant pour assister

enfants et adultes le résultat est catastrophique. La misère s'est étendue même dans la classe moyenne. Les pauvres, quant à eux, vivent dans des conditions infra-humaines. En bref, ces genres d'interventions accélèrent la misère. Maintenant, nous avons deux générations qui ont grandi avec une mentalité d'assistés, soit par l'Église, soit par les ONG, soit par leur parents de l'extérieure. Le résultat, quand on a des gens qui dépendent totalement des autres, ils se retrouvent dans une situation où ils devien-nent improductifs.

Le développent d'un pays est la somme des initiatives individuelles ou l'imagination et le risque créent la richesse à partir des besoins d'une société. Quand je voyage à travers le pays, je vois tellement de potentiel au milieu d'une misère généralisée. Je peux vous dire que c'est un pays vierge avec des millions d'emplois poten-tiels qu'une bonne gouvernance pourrait aisément exploiter. Mais il nous faut rompre de cette mentalité de clan de clientèle où tous ceux qui sont étrangers à la clientèle sont considérés comme suspects. Le cerveau travaille comme un parachute. Il doit être ouvert pour être utile. Si l'on se ferme à ceux que nous ne sommes pas habitué on pourra perde beaucoup d'opportunités.

Ma discussion, quoique je dise des choses qui faisaient beaucoup de sens, était plutôt vue comme une attaque personnelle. J'ai beaucoup apprécié mon dialo-gue avec Elizabeth parce qu'elle m'a permis d'étendre mon champ de vision. N'oublie pas que de la dialectique jaillit la lumière. Toute discussion avec le cerveau ouvert est une opportunité d'étendre son savoir, aussi quand on poste des choses sur FB il faut s'attendre à des critiques, car il y a toujours cette dualité entre la terminologie et la perception. L'affichage est comme un tableau!

Chacun le voit de façons différentes ; et les mots utilisés font parfois couler des salives. Là encore, ce n'est que la sémantique. Si j'avais utilisé le terme « baisser le pavillon » au lieu de « capituler » j'aurais eu au moins six « likes » pour mon intervention. Quant à moi-même, quand je ne suis pas de l'avis de l'interlocuteur je mets

« like » parce qu'il a fait preuve de courage. 90% des utilisateurs de FB sont des lecteurs. Ils ne s'engagent pas dans les discussions parce qu'ils ont peur d'être ostracisés comme je l'ai été hier ; mais j'aime intervenir. J'aime mon pays et j'aime surtout les gens comme Élisabeth qui prennent le taureau par les cornes et défends ses idées. Je considère ces gens-là comme une extension de ma pensée, car ils me font voir des aspects que peut-être j'avais manqués. Quant à Hans, la raison pour laquelle j'ai décidé d'intervenir sur ton mur c'est à cause de ta sincérité. Elle transpire dans tes interventions. Ajouter à cela, tu possèdes l'une des rares qualités : tu allies le savoir avec la compréhension. Il y a une grande différence entre le savoir et la compréhension : tu possèdes les deux. Quant à Fanfan, j'ai commencé à l'admirer à partir d'une note qu'il a écrite pour sa mère. On peut mesurer le caractère d'un homme par l'amour qu'il porte à sa mère et par extension à la femme.

J'ai trop de respect pour toi pour penser à t'antagoniser. Comme je dis toujours pour paraphraser Depak Chopra : « We are a Statement. » J'ai appris à vous connaitre à travers vos écris ; et je dois vous dire en toute sincérité qu'il y a une prise de conscience chez les 20% d'entre nous qui peuvent changer les choses en Haïti, et c'est bon signe (20% est une théorie des meneurs d'une société), car c'est là que tout changement véritable peut déraper.

Je peux voir déjà la lumière au bout du tunnel ; ceci, si on se met ensemble malgré nos différences et nos divergences de vues. Patriotiquement!

F N
Charles, mon frère, tu viens de me causer pas mal d'émotions a la lecture de ta dernière note. Je te suis reconnaissant de ton intervention hier, (les autres interlocuteurs également, j'en suis sur) ce qui me pousse à œuvrer à être encore plus spécifique dans mes commentaires. Tu m'as rendu un énorme service, et je

t'en remercie. J'ai encore beaucoup de travail sur la planche avant d'atteindre mon but : précision, clarté et simplicité dans mes communications.

Je voudrais également te rassurer qu'à aucun moment, aucun des participants de notre échange n'a pensé à t'ostraciser. Cela n'existe pas dans notre petit forum. Loin de là! Nous cherchons justement à paraffiner nos opinions et nos plans pour qu'ils deviennent aussi précis et applicables que possible, pour stimuler des actions couronnées de succès.

Ton approche holistique est tout à fait indiquée à la situation d'extrême détresse de notre mère-patrie. Tes sentiments (et la logique qui te guide) sont ceux d'un fils dévoué envers celle qui lui a donné la vie. Je te salue !

La proposition que j'ai faite vient également du même amour profond, viscéral que nous vouons tous à notre chère Haïti. Je veux croire que les méthodes que nous prônons ne sont pourtant pas mutuellement exclusives. En fait, je suis convaincu que nous devrons faire chemin parallèlement, toi et moi ; toi, à la hauteur du système en général, et moi à la hauteur de la base, plus précisément.

Je me contenterai de ces quelques mots pour te rassurer que, notre échange d'hier et ceux à venir, seront toujours accueillis avec respect. Ils seront marqués par la robustesse de ton intellect que nous respectons tous et par le respect, pierre cardinale de notre petite assem-blée. Nous nous retrouverons en accord le plus souvent, je suis sur. Nous différerons, quand il le faut, toujours dans le respect, signature de notre statut de frères et sœurs, adultes responsables, mus par l'amour de notre pays d'Haïti. Respectueusement.

« Les Haïtiens comprennent bien la dynamique, mais ils refusent de l'admettre parce qu'il n existe plus cette Solidarité, cette Union, cette Motivation qui enflammaient nos Anciens pour s'en sortir ; ceci, donnant leur Vie pour notre liberté. »

Magguie Villard

-3-

COMITE DE PRESSION

Salut Hervé, il n'y a aucune proposition de faite réellement puisque le comité devrait se former aujourd'hui, mais je crois que ça va être pour vendredi afin de donner aux dissidents le temps de se ressaisir de leur émotivité. Simplement, il s'agit d'un petit groupe de travail pour former un groupe de PRESSION pour aider à faire avancer les programmes de la reconstruction, parce que nous avons les moyens techniques à notre disposition. Nous les canaliserons après planification commune. Mais il semble que tout le monde s'acharne de préférence à connaitre l'identité de REFLETS, dont ceux qui ont une vision différente des groupes de pression et de réalisation s'éliminent d'eux-mêmes. Ce n'est pas une mauvaise affaire. C'est dommage. Si tu veux toujours en faire partie, tu nous le fais savoir.
Merci.

Reflet S Magazine

M S
Bien sûr que je suis des vôtres !
En tant que fille de Capoise, en tant que native de Port-au-Prince depuis longtemps, loin d'Haïti, en tant que simple personne désireuse d'apporter son aide à son pays, en tant que femme soucieuse des femmes haïtiennes.
Je ne sais pas encore par quel moyen, ni ce que nous pouvons faire dans la réalité. La psychanalyste que je suis est là bien démunie, mais je peux offrir ma capacité de réflexion, l'auteur que je suis aussi peut offrir sa plume. En espérant que toutes nos bonnes volontés unies contribuent à donner naissance, enfin, à une nouvelle ère pour Haïti.

R S M

Je me sens tellement entouré de femmes, cette douce chaleur, cette puissante machine, cette vibration maternelle. Vive notre mère Haïti. Je vous ai observés, je vous ai lus. J'ai constaté combien vous aimez ce petit coin de terre. Vous l'aimez tellement que vous en êtes malades. Vous n'avez plus de logique. Vous n'avez que vos sentiments patriotiques qui vous guident. Vous êtes des aveugles et déraisonnent d'amour.

Nous allons bientôt passer en chambre close. Nous n'aurons plus de sentiment. Nous allons prendre conscience de la réalité vraie. Nous allons poser les bonnes questions et contempler les bonnes réponses pour prendre de bonnes décisions.

D'ici là, s'il y a un nom pour le nouveau groupe, consultez-vous et nous travaillerons en vase clos sous ce nom.

Bonne soirée les amis !

M J

Bonsoir Reflet, merci d'être comme un poisson dans l'eau entourée de femme !

M M-R

Je serai la à partir du 14 janvier 2011

M J

Entouré de femmes !

R S M

Nous sommes maintenant rendus à 13. Un chiffre magique. Mercredi minuit ce sera la date limite.

Y F

@ Reflet S - Je crois que le mystère est parfois stimulant et l'intrigue devient débordante. Dans le contexte du virtuel, il existe beaucoup de situations aléatoires. La confiance à priori est admirable, mais en bonne et due forme, avant de nous avancer dans un projet sérieux, je crois que la question de Monique, relative à ton identité, est légitime. Je m'en voudrais de ne pas en parler, car l'aisance dans les rapports de dialogue est impérative. Ne pas savoir reste un point à traiter et je suis certaine que tu as du planifié pour faire face à nos interrogations exprimées ou non. Un débat à huit clos, pourquoi pas, pour révéler ton identité au groupe et faire ta présentation officielle à ceux et celles qui t'ont ratifié leur participation. Une telle démarche ne serait que juste. Merci !!

M M-R
Madame Mecthylde, je vous envoyé un message. Délivrez-nous donc de ce jeu de cache-cache.
Bonne nuit, merci.

M S
Avancer à visage découvert est en effet essentiel dans toutes démarches communes.

C B
Je suis d'accord avec Yannick

M A T
Honneur, je propose de travailler à visage découvert et je sollicite également le respect dans les termes employés qui pourraient prêter à confusion. Nous aimons Haïti et nous sommes des gens de carrière donc dote de logique et de bon sens. Nous nous mettons ensemble pour une cause noble qui demande beaucoup de sensibilité et de clairvoyance. Je suggère que nous évitions les pièges du sectarisme. Il est de bonne guerre que nous sachions qui nous sommes, titre et qualité.

Moi je vis en Haïti, et je représente le cercle universel des ambassadeurs de la paix. Historienne d'art, je dirige ma galerie, « Festival Arts » depuis 27 ans. Poétesse et écrivaine, j'ai publié douze livres. Mère de trois fils et grand-mère de sept petits-enfants. Docteur honorés « Causa de la IWA » et député-directeur-général pour les Amériques de la « Int'l Biographical Centre de Cambridge. »

Travailler dans un but commun et avec le sentiment d'appartenance peut être les meilleurs choix pour satisfaire au Moto « Sauver Haïti. »
Respect

B-A M

Je suis d'accord avec les gens ici qui exigent que tout le monde naturellement travaille à visage découvert. Je ne suis pas à l'aise échangeant des idées sérieuses avec un être qui se manifeste dans l'anonymat. Comme vous le savez déjà, je ne vais jamais avec le dos de la cuillère, surtout quand la concernée c'est « Notre Pays. » Il ne faut pas se cacher derrière des pseudonymes. Mon nom: Bel-Ami de M; Juris Doctor, avocat depuis 1991 à Salt Lake City, Utah, USA. Mes spécialités: Constitution, droit pénal, droit civil et discrimination. Je fais de la poésie et du foot. Ces dernières semaines, je me suis mis à créer un modèle de Constitution pour Haïti. Vous pouvez lire les premiers Articles ici sur Facebook, dans les notes.

M S

Merci, amis pour cette transparence. Mon nom est Michèle S, je vis en France, en région parisienne depuis des années après avoir vécu en Côte d'Ivoire. Je suis mariée et j'ai 3 enfants. Ma profession :
Psychanalyste/Psychologue depuis 18 ans.

Également auteure d'un essai sur l'adolescence, de romans et nouvelles. Je suis également sculpteure et comédienne.

Je vis loin d'Haïti, mais je suis prête à aider, dans la mesure de mes possibilités. Moi aussi, je souhaite vivement que tout sectarisme soit banni de nos échanges, et que certains débats navrants et non constructifs n'aient pas leur place.

C B

Bonjour tout le monde, je suis Céline B, je suis mariée, mère de trois enfants et grand-mère de deux petits garçons que j'adore. Je vis à Québec et j'ai vécu trois ans à Pétion Ville, Haïti.

Comme formation, un DEC en sciences humaines, un autre DEC en Techniques en Éducation Spécialisée. J'ai travaillé en délinquance juvénile et dans le milieu des garderies. À 40 ans, je suis retournée à l'université Laval et j'en suis sortie 6 ans plus tard avec une Maitrise en Arts visuels. J'ai aussi à mon actif, 8 expositions dans ce domaine.

J'adore les arts sous toutes ses formes, la littérature, la poésie, la musique, la danse contemporaine et la photographie .Si vous avez visionné ma page sur FB, vous avez du remarqué que j'aime le jardinage et les voyages.

Je suis disposée à vous aider dans le meilleur de mes connaissances et avec tout mon dynamisme et mon honnêteté.

R S M

Vous me rendez la tâche de plus en plus intéressante. Alors c'est l'instinct grégaire qui prend le dessus. Voyez, chers Avocat, écrivaines, artistes et amis, cette nouvelle réaction collective est exactement ce qu'a démontré Gustave Lebon dans son opuscule : « La psychologie de la foule », l'instinct grégaire, mais morte réaction à chacun serait complètement différentes si vous aviez à agir chacun seul. La preuve c'est que tous aviez trouvé normal de participer à cette œuvre pour sauver le pays en s'en foutant pas mal de celui qui travaille avec eux. Vous croyez tous en Dieu, Jésus ou à l'eucharistie, vous avez fait tout ce que d'autres ont écrit sur eux aveuglément sans connaitre ni l'un ni l'autre. Moi je n'ai aucune prétention, nous avons un pays à aider, à sauver, je ne suis pas important. Vous non plus vous n'êtes pas importants tant que vous avez un nom, une personnalité, des diplômes derrière lesquels vous vous cachez.

C B

@ Mag - Je me fou pas mal de ton psychologue social Lebon ! Tu ne veux pas sortir de l'anonymat alors tu fais de l'analyse de groupe. Je suis athée et même si je n'ai jamais rencontré MAT en personne, je suis certaine qu'elle est assez sérieuse et qu'elle aime assez Haïti pour ne pas nous faire perdre notre temps. Ce n'est pas en étant sarcastique sur la formation académique des personnes de ce groupe « A » pour avocat, etc. (c'est comme cela que j'ai ressenti) que vous allez aider votre projet. Ce n'est pas pour se donner de l'importance, mais pour savoir où sont les connaissances dans tels et tels domaines, qui a des expériences vécues qui peuvent nous faire avancer plus vite. C'est comme ça que je l'ai compris. Je vous ai promis de la franchise et de l'honnêteté, en voilà !!! Maintenant je vais respirer par le nez !!

R S M

Ce sont ces identifications de la personnalité justement qui nous ont foutu dans ce pétrin. Moi, je n'ai aucun diplôme pour me nuire. Je n'ai aucun nom pour m'empêcher d'affronter la réalité de la vérité. Je suis avec vous tous les jours avec un nom un CV et votre comportement face à moi est différent de celui que vous avez face à Reflets.

Vous avez tous la preuve que notre société (haïtienne) a beaucoup souffertes des conséquences de l'identification. Que de gens, des professeurs incompétents ont occupé des postes importants dans le pays. Qu'ont-ils réalisé absolument médiocrité. Mais nous ne nous sommes pas redus compte ou plutôt nous les avons tolérés et pardonnés parce qu'ils ont un CV rempli de diplômes et un nom de famille respectable.

Le culte de la personnalité nous a beaucoup nui et il continue encore. Je ne suis pas prêt à perpétuer cette pratique simplement pour étaler mes savoirs et mes diplômes. Ce que je vous propose c'est une mise en commun humaine simplement et conscient, vers une réalisation commune et heureuse sans prendre en considération les acquis intellectuels. Vous avez un cœur et de l'amour cela suffit. J'ai lu le CV de vous tous, ci-haut. Mais je vous connaissais déjà et c'est la raison pour laquelle je vous ai invité. Et le plus important c'est que depuis le début de notre amitié vous m'avez sollicité et je vous avais sollicité comme REFLETS et vous m'aviez accepté comme tel ainsi que toutes les autres personnes avec qui je communique.

B-A M
Tu te laisses aller pour un rien, mon ami. On s'en fout pas mal de diplômes. On te demande tout simplement de t'identifier. Tu pourrais simplement dire: « Je suis Edouardo Garnierisson. Je suis originaire de Croix-des-Bouquets. » Que tu sois universitaire ou pas ne veut rien dire si tu es honnête et as de l'expérience dans la vie, ça suffit quand même. Les expériences humaines peuvent être plus utiles que des cours académiques. Il faut admettre que dans ton message où tu pointais à nos métiers il semblait que tu te moquais de nous. Sois sérieux quand même. Le sujet est sérieux. Le fait que tu en as pensé montre déjà que tu es très intelligent. Alors ?

R S M
En fait, c'est une bonne expérience que vous êtes en train de me faire vivre en ce moment. Ce qui veut dire que ma stratégie est excellente. J'aurais voulu vous faire prendre conscience de notre situation en tant qu'individu haïtien. Voyez comment une seule personne vous a détourné de votre conviction. La situation d'Haïti nous a mené a cette communion.

Durant toutes vos communications, votre souffrance patriotique, vous ne cessiez de réclamer l'Union entre les Haïtiens pour sauver le pays. Alors que seulement pour une question de nom vous avez oublié l'essence de votre mobilisation.

Admettons que maintenant je vous dis un nom, par exemple : Serge Pierre. Bon, d'accord, je m'appelle Serge Pierre, c'est cela que vous vouliez, voilà ! J'ai étudié en sociologie et quelques cours en sociologie. Qu'est-ce que cela vous rapportera ? Êtes-vous fiers maintenant que vous faites confiance à un sociologue. Il sait ce qu'il dit !

M G

Céline a un point valide.

@ Reflet - Ta lecture est aussi réelle. Il faut trouver un compromis !

Personnellement, je ne partage pas l'avis de ceux qui se cachent derrière un masque ou pseudo sur FB, sachant que je considère le networking « sérieux »... Et je suis mature assez pour prendre la responsabilité relative à toutes prises de position, quoique j'aie aussi une bonne formation en sécurité et je supporte les lois en rapport au respect de la vie privée.

J'aime bien l'esprit de bon nombre d'amis que j'ai rencontrés sur l'internet et je supporte les bonnes idées véhiculées à travers ce groupe. Mais je suis aussi l'individu qui n'a jamais cessé de dire que « les bonnes intentions ne suffisent pas. »

Maintenant, comme je l'avais déjà suggéré et je suis sûre que bon nombre d'entre nous partagent cet avis, nous avons surement d'autres responsabilités et des choses intéressantes à faire avec notre temps ; donc, si vraiment nous avons tous l'intention de contribuer au changement d'Haïti, faire la différence, d'une façon ou d'une autre, nous devrions commencer par être honnête envers nous-mêmes et faire montre d'un esprit d'amour collectif, bannissant notre super ego. À ce moment-là, nous serons prêt pour la phase 2 (phase 1 étant notre conscientisation et notre volonté) qui nous conduira vers une parfaite organisation, coordination et une vision commune !

Mais la phase 2 ne peut pas se réaliser dans l'obscurité (excepte si votre ambition est purement théorique, ce que je n'espère pas du tout, considérant vos différentes remarques et engagements) !

Nulle personne responsable ne peut s'engager dans une telle bataille avec des inconnus. Aussi simple que cela.

Prière de ne pas suivre la trace des gens qui parlent sans vraiment espérer contribuer au changement via des actions concrètes parce que c'est déjà assez commun parmi nous!

R S M

Je peux maintenant me permettre n'importe quel sophisme, vous allez me croire parce que c'est le sociologue qui le dit. Non, ceci est arrivé trop souvent avec d'anciens professeurs haïtiens qui parlent du français ronflant qui nous a amenés dans des abysses insurmontables. Tout cela, c'est parce que vous vous êtes oubliés vous-mêmes comme personne capable, comme une entité entière au même titre que le professeur, au même titre que le sociologue ; que votre idée compte autant que lui. C'est une question de mettre en commun ce que nous avons ensemble au même niveau pour réussir un objectif fixé.

C'est justement le but de notre travail. Apprendre à nous connaître. Apprendre à prendre conscience de notre réalité. Vivre le moment présent, maintenant. Apprendre à comprendre ce que c'est le moment présent et l'appliquer dans le cadre de notre pays et nous verrons combien nous cheminerons vers un succès collectif. L'amour que nous devons avoir pour le pays doit être un amour désintéressé. Nous n'avons pas besoin de nom ou de titre pour rappeler aux autres que c'est moi qui ai fait.

Notre travail doit être désintéressé !

Lorsque vous aurez fini de lire mes commentaires, j'aurai une question cruciale à vous demander, simplement pour vous mettre en face de votre propre sincérité. N'oubliez pas de me le rappeler. Je sais que Mecthylde le fera.

Marie-Alice, quoique tu sois la première à étaler ton CV, tu peux être très humble par tes connaissances mystiques.

Céline, je sais que tu n'avais rien réalisé quand tu as donné ton CV.

Bel Ami, homme d'affaires, tu devras changer de vision et accepter l'égalité des êtres.

Michèle, tu es une artiste inoffensive, amoureuse de son pays, c'est parfait.

Monique, toi qui as déclenché la grenade, c'est excellent d'être curieux, tu le tiens de ta race.

Yanick, c'est bien de t'en vouloir pour n'en avoir pas parlé. Mais comme tu dis, « le mystère est parfois stimulant et l'intrigue devient débordante. » Il faut toujours s'accrocher à son identité quoique seul l'imbécile ne change pas d'idée.

M P
Wow !!! Moi, curieuse, je le tiens de ma race; j'observe ce qui se passe. Je n'ai absolument rien déclenché. Seulement, je ne vois rien de plaisant pour un début, un début pour ma part qui a très mal commencé. J'ai horreur de l'obscurité, j'aime voir clair dans tout ce que je fais, si la transparence n'est pas de mise, ma place n'est pas du tout dans ce bain ! Pourquoi autant d'animosité ?

R S M
En fin de compte, nous sommes tous libres comme le vent. Le dernier numéro de Reflet vient de paraître. Je vous suggère d'envoyer un email à l'adresse suivante : louisa....@aol.com et demander de vous envoyer une copie en indiquant votre adresse postale.

Si vous aimez, ce serait bien de vous abonner et participer à la production par vos articles et vos suggestions. Je vous souhaite de passer une bonne nuit et bonne méditation vers une prise de conscience collective.

Je m'excuse Monique, je m'adressais à Monique M-R ; mille excuses. Mais d'où vient l'animosité, il n'y a que des appréciations. Dis-moi où pour que l'on corrige tout de suite.

M P
Mieux vaut passer l'éponge là-dessus; je n'avais pas réalisé qu'il y avait aussi une autre Monique qui fait partie elle aussi du groupe. Sans rancune !

R S M
@ Monique P - Lis bien mes commentaires et tu verras que tout ceci fait partie du processus de la prise de conscience que nous devons faire ensemble. Il ne faut pas abandonner. Moi personnellement, mon nom ne vaut rien. Mais nos idées ensemble seront la solution. Il n'y a aucun problème sans solution. Je suis certain qu'il y a des amis FB, par leur façon de négocier ont fini par m'identifier. Alors ne serait-il pas intéressant de savoir comment négocier pour mettre le pays sur ses rails? Le terrain de l'entente est très glissant. Nous passons trop de temps à des futilités. Nous aurons à apprendre à prioriser nos responsabilités. C'est le problème du pays.

Y F
C'est vraiment une diatribe malséante, un sarcasme arrogant, une ironie bien mal placée dans un contexte de décisions communes. Le grégarisme s'il est vérifié ne fait pas état d'un meneur de troupeaux habillé en berger, mais plutôt d'un leadership éclairé et appréhendé en connaissance de cause.

Les titres effectivement ne nous identifient pas, nous avons tous différentes personnalités, expériences de vie, opinions et desiderata. Mais c'est un point légitime que de connaitre celui qui se propose de nous engager dans une entreprise commune pour Haïti. Acquiescer, montre notre volonté de travailler à la cause d'Haïti, mais ne sous-entends pas non plus l'acceptation aveugle d'un individu, ses dictats et qui ne fait preuve ni de RESPECT, ni d'HUMILITÉ en refusant de s'identifier. Je n'ai jamais apprécié les espions, et puisque « sauf les imbéciles ne changent pas » je me vois dans l'obligation de me préserver d'une marche dans un labyrinthe ombrageux. Je ne tolère pas cet anonymat paranoïaque ou cette illusion de grandeur et je tire ma révérence. Cela aurait été si simple de vous identifier, monsieur, le professeur sociologue SERGE PIERRE et je vous assure que je me souviendrai de l'expérience.

M M-R
Mme François, merci.

M P
Yanick, je te remercie d'avoir éclairé mes lanternes. Malgré la bonne volonté de plusieurs d'entres nous d'avoir accepté de servir Haïti avec autant de bonne volonté et sans contrainte. Malheureusement, je ne me vois pas dans un bain aussi puant sans vouloir froisser ceux d'un courage extraordinaire et ceux qui se sont identifiés. C'est bien triste et dommage !

Quelle leçon que nous donne une fois de plus la vie? Encore une nouvelle fois, nous réalisons les raisons pour lesquelles notre Chère Haïti se trouve aussi engouffrée ! Avec tout l'enthousiasme que j'éprouvais pour y participer, avec aussi autant d'énergie, il est de mon devoir de m'éclipser ! Bonne soirée à vous tous !

M G
J'attends toujours (en tant qu'observateur cette fois-ci) une réponse valable de la part de Reflet, face à ces arguments apparemment cohérents et fondés Mesdames. Toutefois, je vous convie à faire montre de tolérance (on en a aussi besoin) et éviter de fermer la page, sachant que même si vous aviez raison a 100% cette initiative ne devrait pas mourir pour autant. Je vois déjà pas mal de gens assez qualifiés dans ce forum !

L'intérêt collectif et notre détermination DOIVENT primer l'individualisme...

Si je devais résumer l'ambition qui me porte à supporter, voire même me sacrifier pour intégrer pareilles activités, un seul mot suffirait : Legacy ! Quoiqu'encore jeune, je suis certain qu'une génération peut se sacrifier au profit des générations à venir en Haïti.

Y F
Je vous en sais gré aussi, Mmes Racine et Plaisimond, le refus catégorique de ce berger est étonnant et pour moi « c'est l'instinct grégaire qui prend le dessus ». Je refuse catégoriquement de flirter avec « le loup de la bergerie », l'instinct, encore l'instinct de conservation me commande de m'en abstenir. Sa présence génère une suspicion que je n'ai point besoin de gérer pour l'instant.
La liberté c'est aussi cela...

@ Moise, la tolérance ne va pas jusqu'au suicide collectif. Tant et aussi longtemps que, dans ce contexte, l'individu se croit au dessus d'une collectivité et refuse d'acquiescer à la demande majoritaire, je dirais avec conviction qu'il n'est pas un démocrate et que le dom-mage qu'il cause est justement tributaire de son narcis-sisme.
Je ne suivrai pas ce magister anonyme, je ne danserai pas non plus la sarabande !!

M J
Je commencerai par me présenter avant de dire que tout ce qui s'est passé aujourd'hui était prévisible.
Je suis Mecthylde G J, née à Pétion-Ville. Veuve, mère de 3 jeunes adultes, sœur de 10. Je suis Professeur de plus de 25 ans de carrière. J'ai enseigné les Sciences Sociales et surtout le Français au Collège Bird, au Centre d'Études secondaires, au Collège Orphée Noir, au Collège Canado Technique ; à la Faculté de Linguistique appliquée. J'ai fondé Le Kindergarten Jeannot Lapin A Fontamara.
Je n'ai que 10 ans hors d'Haïti. Ma PASSION est HAÏTI ! Pour cela je n'ai jamais fermé aucune porte

complètement, lorsque mu par l'amour de son pays quelqu'un fait fausse route et s'égare. Vous vous imaginez un peu avec 10 frères et sœurs après 1986 ce que j'en ai vu de l'extrême droite à l'extrême gauche, mais la tolérance et l'amour du pays ainsi que l'amour que je leur portais m'ont permis de porter le deuil de leur illusion plutôt que leur deuil.

J'ai participé à des discussions d'élaboration d'un grand nombre d'associations et j'ai été Présidente de l'AFHAD (1992-1994) ; c'était une organisation de femmes haïtiennes pour l'aide au développement.

Reflet S Mag, ce n'est pas la première fois que je vis ce qui se passe aujourd'hui. Quand vous avez la chance de mettre ensemble des Personnalités de cette Qualité, vous vous devez de respecter leurs desiderata. Je vous ai attendu impatiemment pour voir si finalement vous auriez la sagesse et le bon ton de vous identifier ! C'est dommage ; je pense que vous devez au nom de HAÏTI que vous voulez aider, rebrousser chemin et sauver ce qui peut être sauvé de cette belle initiative qui appartient en fait à nous TOUS !

B-A M
@ Reflet, Je vous prie de rayer mon nom de votre projet. Merci.

Y F
@ Moise – L'on n'est point obligé de continuer à subir cet affront. Il te faudrait plutôt relire ce qu'il a dit en nous traitant comme « un troupeau à esprit grégaire ». Je ne fais plus crédit et je n'attendrai pas un « rubuttal ». Ta tolérance envers lui est admirable, mais tu n'es peut-être pas assez objectif pour juger que sa position est toute aussi radicale. On ne se comporte pas ainsi quand on respecte les gens !!
Bonne chance !!

M G

J'ai tellement assisté à des projets qui échouent même bien avant de commencer que j'arrive à être tolérant sans le vouloir.

Si vous lisiez attentivement, vous vous rappellerez que j'ai reçu l'étiquette d'impatient ! Comme un jeune plein de fougue et de détermination, mais sans sagesse ! J'ai souri parce que c'est parfois des gens qui ne me connaissent pas qui sont plus tard émerveillés par mes accomplissements.

En tout cas, je vous l'ai déjà dit : bonnes intentions seulement ne sont pas suffisantes. Et je crois que jusqu' à présent tout le monde à de bonnes intentions. Cependant, Il faut bien plus que cela pour aider Haïti et contribuer pour un changement réel et durable !

Je pense que nous avons l'obligation d'être moins émotifs et aller au-delà des choses mesquines ou de petits problèmes de personnalités afin de pouvoir vraiment faire la différence. Des distractions de cet acabit existent afin de tester notre véritable esprit d'engagement ! Disons toujours Oui à l'unité pour une nouvelle et meilleure Haïti. À ce que je sache, ce projet d'organisation n'appartient à personne.

Y F

Bien sur Moise, l'émotion dont tu parles est pour moi du pragmatisme, pas très différent des mêmes convictions du vouloir pour la cause d'Haïti. Les bonnes intentions ne suffisent certainement pas, il faut aussi avoir de bonnes narines et un flair solide pour savoir inhaler la bizarrerie et décider.

Je ne vois vraiment pas l'obligation dans un tel contexte d'accepter. Les petites mesquineries et les petits problèmes de personnalité..?? Pourrais-tu avoir la gentillesse de m'éclairer.

S'il y a bien un problème de personnalité, c'est celui de cette « personnalité » qui a tant dit qu'on peut se passer de commentaires.

Ne te pose pas en avocat du diable ! Serais-je tentée de te dire peut être que tu as de bonnes raisons d'insister et tu as l'air d'avoir le même ton que celui à qui tu voudrais donner ton appui inconditionnel. Tu le connais, moi non et s'il ne se dévoile pas comme la majorité a sollicité, je n'ai plus à opiner.

J'ai déjà dit mon mot, c'est NON... Alea jacta est. Merci !!

Voir: pas très différente

J'ajouterais que je ne saurais servir de tremplin à aucun intérêt personnel d'un individu inconnu, bien dissimulé derrière un masque. Tu ne te rends peut-être pas compte. Continue donc à te faire ridiculiser et encore une fois Bonne chance !!

M S

Je découvre à l'instant tous ces échanges tolérants par nature, je pense cependant qu'il faut se garder de suivre ce qui est d'emblée obscur. Je suis triste de ce faux départ.

Tout comme celles et ceux qui se sont présentés, il ne s'agissait pas de faire un quelconque étalage de titres, mais de dire en quoi nous pouvions être éventuellement utiles.

Je me garderai d'interpréter ici la difficulté qu'a notre « berger » à abandonner son masque dommage pour ce qui se dessinait.

M J

@ Yanick - @ Moise - Et si on réfléchissait un peu ! Nous nous sommes réunis autour d'une idée ou autour de Reflet ? La question du jour est celle-ci : allons-nous aban-donner le projet ? Allons-nous le transformer ?

Allons nous poursuivre avec ou sans Reflet ? Je voudrais relancer la discussion sur ces points, entendre vos points de vue et ceux de Zorro !

G E D

Je prends le train en marche !
Je suis Gloria E, mère de 2 enfants, 24 ans et 18 ans et grand-mère d'une petite fille. Je vis en France, précisément à Paris.
J'ai quitté Haïti à l'âge de 12 ans et j'ai eu plaisir à y retourner en 2008!
Je ne parlerai pas de diplôme, car j'en ai très peu. C'est quand même un réel plaisir d'échanger avec vous. Je constate que les choses tournent « au vinaigre » et j'espère que nous trouverons une autre façon de réfléchir ensemble.
Respects.

C B

Je suis encore en colère ce matin !

B-A M

@ Moise - Rien de radical. Parfois il faut savoir quand s'en aller. Reflet s'amuse derrière son anonymat à abuser les gens. Il se veut leader, mais n'est pas capable de contrôler sa langue de fiel. Il n'est même pas capable de montrer le respect le plus élémentaire envers les gens, leurs idées, leurs différences et leurs convictions. On ne va pas travailler avec un être pareil, blotti dans l'anonymat pour éjaculer sa haine et son intolérance.

J'aurais dû me méfier de ce type qui avait un peu enlevé son masque le 21 octobre dernier quand j'avais couper-coller un post de ma petite fille sur mon mur en support aux jeunes homosexuels qui se suicident et qui sont maltraités à l'école et dans les rues.

RS M

Ceci dit, Moise, ce n'est pas de ma nature de collaborer avec une personne telle que celle-là, qui est-elle. En plus, j'ai du travail à faire et j'ai déjà mis trop de temps à discuter cet être qui serpente dans le l'obscurité.

G E D

Dans un des échanges du 1/11/2010, Reflets, tu disais que la famille s'agrandissait et que nous n'allions pas tarder à vivre ensemble!

Je pense que vivre ensemble c'est vivre dans la transparence, de ce fait je rejoins Yanick F qui t'a demandé avec beaucoup de courtoisie au début de nous révéler ton identité.

Contrairement à ce que tu dis dans un autre mail, nous sommes tous importants. Je n'ai aucun diplôme derrière lequel me cacher, mais je suis importante et je suis quelqu'un et il en est de même pour chacun d'entre nous.

Nous avons besoin d'apprendre à nous connaître et la transparence est de ce fait de rigueur ! Rappelons-nous que les relations humaines ne sont pas toujours de tout repos!!!

Moi je vous aime tous,

Gloria

M G

Je vous ai envoyé une demande d'amitié parce que je suis certain que l'idée derrière cette initiative est une idée en Or, et l'échec de telles initiatives est la résultante d'une absence d'élite en Haïti. Sans vouloir se montrer supérieure, toute société a besoin d'une bonne élite, et je crois que c'est ce qui a fait toujours défaut en Haïti (prière de bien considérer la définition originelle du mot Elite afin d'éviter toutes formes de confusion).

Volontairement ou non, consciemment ou non, je crois que Reflet a atteint un point où il doit s'excuser et répondre à la question afin que nous puissions fermer cette page et avancer. Je ne veux pas crois que cette situation est vraiment réelle: Elle est absurde et enfantine. Je suis certain que Reflet a de bonnes intentions et nous avons tous une bonne vision: laissons de côté notre orgueil, cher(s) ami(es) !!!!

M J R

Je ne veux pas non plus laisser partir le train avant que je ne saute à bord. Je m'appelle M J R, née Lhérisson. Je suis née à Jacmel. J'ai ensuite continué mon éducation à Élie Dubois, à Port-au-Prince. J'ai enseigné au Nouveau Collège Bird (au niveau primaire aux petits de 6 a 7 ans) pendant 2 années, avant d'immigrer d'abord à Montréal, Canada où je suis restée deux années à travailler dans La Caisse Populaire Notre Dame des Victoires comme caissière. Comme j'avais marre du froid du Canada, j'ai préféré venir aux États-Unis où je me suis mariée et appliquée pour la résidence américaine. J'y suis restée depuis lors. J'ai 3 enfants et 4 petits enfants, nés tous aux États-Unis. J'habite à présent à Sanford (Orlando). Je me suis naturalisée américaine, mais je suis quand même partisane de la double nationalité. Comme toi, Gloria je n'ai pas beaucoup de diplômes à afficher, cependant je suis prête à aider mon pays. Les cours de psychologie que j'ai suivis à Élie Dubois m'ont toujours aidé à comprendre le monde autour de moi. Les grands comme les petits.

@ Céline - Ne te fâche pas. Notre débat avait si bien commencé.

@ Toutes les autres qui se sont fâchées je dirais: « Ne vous en faites pas, nous voulons aider notre pays et il y aura parfois des chocs à surmonter, mais l'important c'est de s'attacher au chariot pour avancer jusqu'au bout de la route qui sera peut être longue. »

@ Mag, découvre-toi !

Y F

@ Mecthylde - Je crois comme toi que le dialogue est clé dans les rapports humains. La réflexion est admirablement sagesse et nous accorde surement le temps de baliser des émotions qui parfois nous brouillent la vue. Je sais toutefois avoir perdu tout enthousiasme.

Le projet présenté par Reflet est SIEN, il nous a sollicités et nous nous sommes ralliés autour de lui « ET » de son projet. Un ralliement tellement spontané, qu'avec très peu de recul, je constate péniblement, que tous nous lui avons confiance sans hésitation.

Je ne voterai pas pour le rapatriement d'un plan d'idées que nous n'avons pas conçu. Les droits d'auteur portent de lourdes responsabilités légales.

Merci Mecthylde, le plaisir de nos échanges reste fructueux.

Bonne journée à tous !!

C B
Ce moment, je suis très déçue par le comportement de Mag. S'il ne change pas de trajectoire et d'attitude je ne vois pas comment je pourrais avoir confiance pour travailler avec lui je serais toujours à me surveiller, à surveiller mes interventions au cas où Mag déciderait que c'est mon tour de passer dans la moulinette. Je ne sens pas de respect chez lui...

Y F
Je réalise que ma présentation fait défaut. Je m'en excuse humblement et puisqu'à l'origine il était question de se faire connaitre un peu, je voudrais bien à mon tour attraper ce train en instance de départ, qui a d'ailleurs peine à démarrer faute d'un conducteur conscient, respectueux des normes de sécurité et ayant à cœur les demandes légitimes et le bien-être des passagers. Je me présente donc:

Mon nom est Y F de naissance, mère de trois enfants adultes aujourd'hui. J'ai fait toutes mes études classiques à l'Institution du Sacré Cœur de Turgeau. Puis mes études de Nursing et Cours de Droit également en Haïti. Je n'ai pas cependant terminé mon Droit comme je l'aurais tant voulu. J'ai laissé mon pays en 1976 à l'âge de 26 ans pour le Canada.

J'y ai travaillé dans plusieurs hôpitaux. J'ai obtenu mes diplômes de Bachelières es Sciences et de Maitrise en Santé Publique de l'Université de Montréal. Retournée en Haïti en Mars 1986, j'ai occupé les fonctions de Directrice des Soins Infirmiers à la Fondation Haïtienne d'Assistance Sociale, Hôpital Bon Repos, puis de Directeur Administratif de l'École Nationale d'Infirmières de Port-au-Prince.

J'ai laissé Haïti à nouveau en 1989, obtenu ma licence de RN, Registered Nurse en Floride, j'y ai de même travaillé dans quelques hôpitaux. J'ai en outre obtenu les Certificats suivants ACRN, Aids Certified Registered Nurse et LRNC Legal Registered Nurse Consultant ou LCN Legal Nurse Consultant. Je suis présentement retraitée par choix. J'écris également, mon recueil de poèmes est inédit, je compte le publier prochainement.

Je suis très heureuse d'avoir fait partie de ce groupe de gens galvanisés par le pur et profond désir patriotique de travailler pour Haïti. Bonne fin de journée. Je vous aime tous et que la paix soit avec vous !!

M M-R
Moi, je me suis déjà retirée. Je n'ai ni le temps ni la patience. Nous n'avons pas comme Haïtiens vivant en dehors de notre pays, ni le luxe, ni le droit d'avoir des préjugés de telle sorte contre d'autres humains. J'ai pleuré en lisant l'échange de R M contre les homosexuels masculins ou féminins.

Dans les années 70, j'ai aidé des médecins américains et haïtiens à combattre le stigma attache à Haïti face au SIDA, lire Reflets Mag m'a blessée profondément. Particulièrement, si vous considérez que ma partenaire de 20 ans a lu les remarques de Reflets Mag. Tant que nous resterons dans ces bassesses, notre pays ne changera pas.

Ceci dit, il y a d'autres groupes qui se forment, dont l'un en particulier auquel je vous propose de vous joindre pour essayer de travailler ensemble vers une meilleure Haïti.

Je remercie Reflets M de m'avoir donné l'opportunité de vous rencontrer. Mesdames, vous êtes toutes des femmes de qualités, et c'est bien dommage que j'aie à vous dire au revoir.

Bonne journée à toutes et à tous.

Monique M-R

M J R

Merci Yanick pour ta gentille présentation. Je suis sure que tout le groupe est de bonne volonté et ne demande pas mieux que de mettre notre tête ensemble pour accomplir quelque chose de tangible pour Haïti dans un domaine ou l'autre. Encore merci.

M S

Ce groupe n'existe plus vraiment, mais je rends grâce à l'homme masqué pour les belles rencontres que j'y ai faits. Un bonheur de vous avoir lus, d'avoir pu découvrir un peu vos parcours...

Etre haïtiens ne suffit pas pour créer des liens durables. J'ai eu plaisir à aller voir les pages de celles à ceux dont je suis devenue « l'amie » ici, et j'en suis ravie. De belles personnes.

J'espère garder des contacts avec celles et ceux qui le souhaiteront, et pourquoi ne pas nous retrouver autour d'un nouveau projet.

À toute et à tous, je vous dis merci.

Michèle S

M C-E

Je me suis tu jusqu'à présent essayant d'éviter tout négativisme qui m'écarterait de l'intention initiale: AIDER MON PAYS. J'espère que la défection de l'auteur de ce groupe, pour une raison ou une autre, ne nous détournera point de notre objectif commun. La vie continue sans Reflet c'est certain. On n'a qu'à créer un nouveau groupe et poursuivre cette tâche qui nous est chère. Ce ne devrait pas être trop difficile considérant l'élan naturel et l'enthousiasme dont on était parti. Qu'en pensez-vous?

M M-R
J'approuve. Et je vous inviterai toutes et tous d'ici samedi.

M C-E
Je suppose qu'on pourrait se concerter quant au titre du nouveau groupe.
J'aimerais proposer:
« À la recherche d'une Haïti meilleure »

M J R
Je suis d'accord pour qu'on lance un nouveau groupe. Choisissez un nom ?

M S
Tout à fait d'accord, Maryse !
   Sorana, j'apprécie ton désir de tempérance, mais je pense comme Monique et les autres personnes qui ont commenté ici qu'il est important de savoir à qui nous nous adressons. Que naisse un nouveau groupe, sans zombies.

M G
Donc Michèle ton vote est: MOVE ON ; RIGHT?

M A T
Merci Michèle, je suis heureuse de vous rencontrer sur FB
Move on
Respect
MAT

C B
Move on, avec franchise et respect

Y F
Move on !!

R S M

Chers amis je vous remercie sincèrement pour toutes vos réactions. Je ne peux les qualifier de négatives, ni de positives. C'est à vous et à vous seuls d'en juger. Nous sommes en train d'achever d'expérimenter la réalité de plusieurs compatriotes qui ont voulu travailler en groupe pour aider le pays, sans s'assurer au préalable que tous les membres du groupe devraient avoir une même vision commune, parler le même langage quoi. Je ne me sens nullement visé ni même par ceux qui m'ont insulté, nié, renié.

Dans tous processus de changement, d'évolution ou plutôt de prise de CONSCIENCE, ce qui nous arrive dans cette forte émotivité est très normal. Et même si certains d'entre vous ne chemineront pas avec les braves, je souhaite que cette expérience vous serve de sujet de méditation. Pour ceux qui ont les antennes bien fixées comprenez que tout cela fait aussi partie d'un certain processus d'initiation et d'évaluation.

C B

Je n'ai pas demandé d'être initiée ne d'être évaluée. Quand une personne s'arroge le droit de le faire sans mettre les autres au courant c'est qu'il se prend pour une personne supérieure aux autres et qu'il se donne le droit de juger si ces personnes sont à sa hauteur.

R S M

2- Ceux parmi vous qui l'ont compris ont joué un rôle d'observateurs avisés. Que nous le voulions ou pas, toutes les sociétés évoluées aujourd'hui y sont parvenues en se fixant des balises, des lois, des règlements qu'ils maintiennent en vigueur grâce à un système légal de justice et de coercition. En Haïti, les lois n'ont jamais été respectées et les autorités sont toujours contestées. Ce qui a produit notre situation actuelle.

Comprenez que cette entreprise que je vous ai proposée n'est pas basée sur ce qui devrait être fait, mais sur ce qui doit être fait, c'est-à-dire de respecter ces paroles et aller droit au but sans se laisser distraire par des futilités. Vous aviez dès le début accepté de faire partie d'un groupe de pression pour aider au processus de la reconstruction du pays et non pas pour investiguer sur le Curriculum vitae de Reflets. L'identification de Reflets importe peu, je suis un simple citoyen Haïtien sans prétention aucune, mais avec une certaine expérience du public. Dévoiler mon nom m'importerait peu, mais comme Gloria vous l'a suggéré, vérifiez un peu.

C B
Je ne suis pas haïtienne, je n'ai même pas envie de ce petit jeu que vous proposez d'aller vérifier. Perte de temps en phrases et non en actions

M G
Suite à ma proposition, quelle est donc votre "VOTRE" REFLET? Move on or YOU NEED MORE TIME?

R S M
3- Cependant il y a une question de principe. C'est avec Reflets que vous aviez négocié sans condition et c'est le respect de cet engagement qui est important pour la réussite de cette entreprise, car pour moi personnellement et la façon que je prévois le projet, les informations sur ma personne ne sont pas importantes.

J'ai lu quelques commentaires de M. Moise G, j'en étais séduit par sa logique, sa rigidité et sa rigueur. Admettons qu'il avait un pseudonyme quelconque et qu'il m'inviterait à participer à un de ses projets qui m'aurait intéressé. Je dirais oui tout de suite, sans m'intéresser à son CV personnel. Ce qui m'intéresserait c'est le potentiel qu'il a démontré par son œuvre. Ainsi, avant même de proposer mon projet, je devais planifier quoi et comment vous faire la proposition et les pré-requis de votre participation, car c'est une grande responsabilité qui pourra être d'envergure et que tout un chacun devrait être à la hauteur d'entreprendre dès le début en le démontrant par sa façon de le percevoir, et de réagir dans le concept même de gestions de projets. Et vous avez agi. C'est parfait.

M G

@ Reflet - Je pense que certains d'entre nous ont fait montre d'impatience. Puisque la situation a pris trop de temps et c'est un peu dégénéré tu as donc le devoir de le rectifier afin d'éviter un peu plus de malentendus ou de confusion. Quoique je ne te connaisse pas personnellement, je comprends votre approche, mais le problème qui se pose vient dans ta stratégie...

Si seulement quelques des membres te connaissaient personnellement, j'en suis plus que certain que nous n'en serions pas à ce point maintenant..

Dis donc cette simple question a créé un débat qui aura duré plus de 48 h. Ce n'est pas du tout acceptable.

Qu'est-ce qui arriverait si ce groupe devait voter sur un budget de 1 million de Dollars?

R S M

4- Il y a un mécanisme de pensée et d'action que tous ceux qui aspirent à un leadership doivent posséder. Et c'est là que le processus de sélection doit se faire. Ce n'est pas une question d'amis ou j'ai le droit de dire ou de faire. Tout le monde a le même droit. C'est le comment l'exercer qui importe. Et ce n'est pas facile. Cela a toujours été le problème de notre pays. Tout se fait n'importe comment sans aucun ordre ni discipline. Sans respect de l'autre ou de la parole donnée. Nous avons tous quelque chose à apprendre et continuellement. ET PERSONNE N'EST IMPORTANT QUELLE QU'ELLE SOIT.

De cette manière nous ne souffrons pas du mental. C'est l'attachement à certaines valeurs émotives qui nous emprisonne et nous empêche de voir clair. C'est vers cet enseignement de la gestion, de la gérance que je voulais nous offrir. Mais cela demande beaucoup de sacrifice sur soi-même aussi. C'est se travailler, se contrôler, s'observer, accepter les autres et demeurer humble.

5- Si dans un premier élan vous aviez voulu faire quelque chose pour Haïti c'est que vous aviez ressenti en vous la pulsion d'un leader en puissance. Mais ce rôle est régi par des règles. Il requiert des qualités et des connaissances. Sinon vous auriez depuis longtemps proposé des solutions.

Maintenant, je viens de lire que vous vous proposez de former votre propre groupe. J'en suis fier et très heureux pour cet esprit d'initiative. Et je vous appuierai à 100% et de tout cœur. Haïti a besoin d'autant de sauveurs et d'organisation pour la tirer de ses misères. C'est mieux de s'organiser plutôt que ne rien faire du tout. Toute expérience est bonne à faire. Cependant, permettez-moi de vous rappeler ce qui suit :

Les qualités d'un leader sont l'humilité ; savoir maitriser ses émotions et savoir se détacher des clichés sociaux ; être capable d'organiser, de travailler sous pression ; être perspicace, patient ; capable de prévoir, de planifier ; être avisé, avoir du jugement, de l'acuité d'esprit ; la capacité de conceptualiser ; assurer les suivis à temps, et surtout, avoir de la tolérance.

6- La base sur laquelle vous aviez été choisis est simplement humaine et non académique, et chacun est libre de collaborer ou pas aux conditions proposées, comme si nous avions postulé pour travailler pour une organisation étrangère. C'est-à-dire nous soumettre aux conditions établies sans même avoir le doit de nous adresser à aucun membre de la gestion supérieure. Ceux qui n'ont pas répondu n'ont pas provoqué la fin du monde. Et il y en a plein d'autres qui attendent d'être invités. Mais vous-mêmes, j'ai pensé que vous aviez certaines aptitudes, apparemment plus adaptables aux plans du projet tel que je le conçois. Mais, comme nous savons, personne n'est important. Nous sommes comme l'eau qui passe sous les ponts impassibles.

Je suis très attristé de constater combien nous confondons nos préoccupations personnelles et nos émotions profondes avec les affaires d'État, et moi inclus. Ce simple exercice démontre notre intolérance et explique très bien les raisons de la situation dans laquelle le pays se trouve aujourd'hui. Malheureusement je ne peux pas me dissocier de l'ensemble des intervenants. J'ai décidé d'offrir mes ressources à partir de vos réactions face aux malheurs du pays.

Cependant, maintenant que je viens de me rendre compte que plusieurs parmi vous ont décidé a partir le même projet comme proposé par Mecthylde, Michèle S, Moise G (qui m'a donné un ultimatum d'une heure pour répondre, alors que j'arrivais du bureau quelques heures après) Maryse C, Marie-A, Monique M-R (qui n'est pas disponible jusqu'au 14 janvier donne déjà rendez-vous a samedi prochain) Or on sait la somme de temps que partir une organisation requiert. Surtout qu'on n'était pas préparé. J'en suis heureux puisque vous pouvez vous réunir autour de quelque chose. Ce qui compte c'est d'abord l'intention.

Pour le respect que je vous dois, j'aimerais vous inviter tous à un moment de réflexion sur cet agissement collectif : remontez l'histoire de notre peuple période par période jusqu'à 1804 et vous verrez de : la précipitation, l'impulsivité, la confrontation, l'insubordination, la projection, la lutte de pouvoir, lutte d'influence, scission, assassinat, usurpation, et coup bas. C'est cela la plaie, c'est notre fond tréfonds. Si une organisation salvatrice ne considère pas ces plaies dans son programme, elle est vouée à continuer à tourner en rond.

Par contre je ne regrette vraiment pas cette expérience et je vous demande de repasser à tête froide cet épisode pour constater combien que notre émotivité peut nous jouer des vilains tours.

R S M
7- Ceci nous a permis d'observer des rancunes refoulées, des insultes ouvertes et voilées, de fausses accusations

et perceptions erronées de CONCEPTS, des irrespects, des frustrations à l'endroit d'un Reflet qui, il y a à peine deux jours était adulé par les mêmes intervenants. Ceci peut facilement nous rappeler les épi-sodes de la passion du Christ.

Jésus était accusé d'être fils unique de Dieu alors que ceux-là mêmes qui l'accusaient ne savaient pas qu'ils étaient aussi fils uniques de Dieu et au même titre que Jésus.

Aujourd'hui, mercredi était la date limite pour passer à une autre étape :

Nous serions arrivés aux termes des préliminaires pour former le groupe de travail. Il nous serait très difficile d'embarquer des repentants en cours de route parce que le processus inclurait des recherches des discussions et un apprentissage approprié et surtout des indications et des directions, des rencontres avec des experts, un réseau bien établi par un système pyramidal ainsi que des lobbyistes. Il nous faudrait aussi détecter et obtenir l'aide d'experts dans différents domaines. Nous ne pourrions pas nous permettre de recommencer à chaque fois.

Alors, voici la liste de ceux qui ont maintenu leur candidature. S'il y en a qui sont omis ou qui sont listés par erreur, prière de l'indiquer. Je vous aime tous et vous aimerez toujours, quoi qu'il en soit.

8- Voici chers amis, le résultat de notre rêve. Nous l'avons réalisé sans dormir. Je vous invite tous, avec humilité et conscience de vous recueillir en réfléchissant à cette expérience que nous venons de vivre ensemble. S'il vous plait, réfléchissez et demandez-vous si vous aviez vraiment une raison valable d'agir comme vous l'avez fait? Est-ce que vraiment vous vouliez travailler pour Haïti ou pour vos égos, votre fierté?

Maintenant après votre recueillement, posez-vous la question: est-ce que vous pensez que vous êtes prêts pour travailler en groupe indépendant pour l'aboutissement d'un projet viable ?

Si oui, alors prouvez-le avec le nouveau groupe que vous êtes en train de former. Je suis très heureux d'avoir vécu cette expérience avec vous et merci de me permettre de me documenter sur les vraies causes de la décadence d'Haïti.

9- Merci Sorana et Gloria d'avoir essayé intelligemment d'indiquer des pistes universelles au groupe. Mecthylde, tu es une femme merveilleuse. Je remercie ceux qui se sont tus ainsi que ceux qui m'ont indiqué d'une manière ou autre l'issue de cette aventure exactement comme elle est terminée.

Je communiquerai avec vous dans le nouveau groupe pour continuer notre travail.

Merci à tous et d'ici 3 jours, ce forum sera supprimé, question de vous donner le temps de l'utiliser à votre guise.

Bonne nuit à tous. Nous continuerons comme d'habitude sur REFLET. – LOL. Ici, prends fin.

Y F

Ceux qui n'ont rien dit et ceux qui vous connaissent « ont maintenu leur candidature » probablement et personnellement je les félicite. Il faudrait vous analyser, faire votre propre introspection, vous voir qu'en plus d'autres laideurs que vous étalez, vous avez aussi la prétention de mener, vous êtes qu'un DICTATEUR. On ne vous deman-de pas vos « qualifications ». On vous demande de vous identifier simplement. Voyez votre refus et remettez en question votre narcissisme, penchez vous sur votre propre et cesser de nous analyser avec votre optique déviante et déviée.

J'ai dit OUI, non pas parce que votre masque me plait, mais parce que ce projet que vous nous avez soumis est et demeure le moteur de mon intérêt, mais pas vous qui jouez au fameux fantôme de l' « Opéra. »

A la phase des débats d'introduction ou vous nous avez vous-mêmes, demandé de nous présenter et de vous « raconter nos vies », vous n'avez eu aucune gêne à garder votre position d'anonymat et vous avez l'audace de regimber, vous REFUSEZ catégoriquement de ne nous dire au moins qui vous êtes.

Dans le virtuel on peut dire effectivement n'importe quoi. Dans un groupe sérieux, on fait le sevrage de notre sphère intime, pour dire aux autres membres qui nous sommes, par fair-play, par respect, par fraternité, par cordialité, par patriotisme, par conviction, par vision pour Haïti.

Tous vos arguments sont teintés d'irrationnel, vos plaisanteries de mauvais goût quant à la gente féminine du groupe, vous croyez en même temps « nager » dans un bassin de femmes et en plus, elles seraient stupides.

Votre arrogance dénonce une pathologie et comme je l'ai déjà affirmé, vous êtes dans une phase d'illusion de grandeur. Vous dites que vous êtes comme le Christ, mais je finis par croire que « vous êtes le Christ en personne !!

Aux membres « connus, dévoilés et démasqués » ici présents, je vous souhaite une Bonne Soirée

M J R
@ Maryse - On peut toujours le passer au vote.

M S
Re: Proposition/suggestion
Sur le plan de la psychopathologie, je pense qu'il y aurait à dire à propos de vous, sieur Reflet (je tutoie générale-ment mes amis). Quand on conjugue des intentions manipulatrices (vous vouliez voir comment nous allions réagir), une grande dose de toute puissance et de la paranoïa, cela donne assurément un bon profil de dictateur. J'ignore ce que vous espériez véritablement en créant cet élan, mais je pense qu'à moins de vous interroger sur vous-même, rien de bon ne peut découler du genre de démarche que vous proposez. Malheureu-

sement, les manipulateurs ne demandent jamais d'aide pour comprendre ce qui les pousse à agir ainsi.

Grâce à vous, j'ai rencontré de belles personnes, et je vous en remercie, mais je vous plains, car votre attitude a éloigné de vous des personnes pleines d'allant, de bonne volonté et de belles qualités. Des personnes dont en effet, Haïti a besoin.

Nous vous laissons à vos rêves de grandeur masquée en reflet.

M J R
Je reviens à nouveau pour dire que je crois qu'il ya plusieurs personnes qui manquent dans la liste du nouveau groupe. Ex: Gloria E D, Monique P, Marc P, Nancy T W, Ronald J, Sorana M, Rachel M D and Ramouze S F G. Je crois que c'est tout ce que j'ai pu relever. Je ne sais pas s'ils sont tous d'accord à suivre le nouveau groupe. Merci

G E D
Je préfère me retirer du groupe moi aussi.
Je vous aime toujours tous!

M C-E
Yanick, tu as finalement réalisé avec qui on avait affaire. J'ai déjà réduit le nombre d'amis sur ma liste pour m'écarter de cette malheureuse débâcle. On ne peut prévoir les réactions de ceux dont la raison est défaillante. Bien que j'aie essayé de rapporter ces messages comme « spam », je continue à les recevoir et ça m'ennuie terriblement. J'ai assez de cette comédie de mauvais aloi.

M J
Je suis rentrée ce matin et j'ai eu a lire 92 messages. Ce que je peux dire maintenant est ceci : moi, Mecthylde G J, en ce jeudi 4 novembre 2010, a 8 :17, je ne fais plus partie d'aucun groupe. Je me réserve le droit de participer dans un esprit d'entraide et de dialogue à des initiatives honnêtes visant à améliorer le sort du peuple haïtien !

@ Reflet – C'était si beau un tantinet, j'y ai cru. Au revoir !

C B

Mecthylde J, je me sens comme toi ce matin ; déçue et envie d'être en retrait. Bonne journée.

M J

@ Yanick, je suis heureuse de voir qu'après tout vous avez suivi le cheminement de ma pensée qui consistait à avancer avec ou sans Reflet. Je regrette seulement que vous ayez jugé que s'il n'y avait pas de prise de position de ma part c'est que j'acceptais ce qu'il débitait. La vérité est tout autre, je viens de rentrer à la maison après 16 heures de travail ! Je vous souhaite d'aboutir dans vos démarches pour le bien de ce pays qui est le NÔTRE : HAÏTI !

M J R

On dit toujours que les Haïtiens n'arrivent jamais à s'unir pour un bien commun. Si au bout de quelques jours seulement chaque personne trouve une raison pour se retirer, eh bien nous donnons raison à la croyance populaire.

Y F

@ Mecthylde, bien sûr, ta proposition au moment de « l'atterrissage forcé »" à cette impasse était de se regrouper ailleurs AVEC ou SANS LUI et les réponses étaient en majorité positives, sauf que j'avais fait une réserve judicieuse touchant l'aspect légal du projet appartenant à ce monsieur.

Ma réponse a suivi aussi le motto « MOVE ON. » Mais je crois que le choc, la déception sont tels que l'on en est encore abasourdis et que cela demande une petite période d'accalmie.

Si celui qui se cache derrière le masque ne s'est pas soucié de la finalité que représentait SON PROJET pour HAÏTI, il est impératif de savoir qu'il n'est pas le seul à avoir des idées fécondes. Je ne croirais pas que la porte soit fermée, nous sommes trop imbus de la problématique haïtienne et notre amour viscéral ne nous permet pas de nous tourner le dos. Cependant, j'augure de meilleures qualités de leadership en chacun de nous et poursuivre avec la proposition émise en second lieu.... Merci !!

M J R

@ Yanick, je n'ai pas oublié de parcourir les 92 messages. Je les ai lus, mais je ne m'étais pas sentie aussi mouillée que les premières personnes qui avaient répondu au message de Reflet pour la bonne raison que je n'y avais pas encore répondu pour m'introduire au groupe. Je ne l'ai fait qu'après Gloria. Étant donné que je dénote encore des indécisions de la part de quelques personnes du nouveau groupe, je décide de rester dans le groupe palado yo. Si quelqu'un fait une gaffe et s'excuse, on doit passer l'éponge et pardonner. Je pense que vous tous devriez faire de même. Haïti est en jeu, pas notre fierté ou notre ego. Respectueusement.

Y F

@ Marie J, tu ne t'es pas sentie mouillée et pour cause. Tu oublies VOLONTAIREMENT L'EGO DE REFLET S..... HAÏTI EST EN JEU ?? À qui le dire maintenant ??? Pardon, l'hypocrisie des grandes envolées ne m'impressionne pas.

Mais de grâce, évitez moi les minables phrases des ON DIT, et surtout pas de discours, ni de leçons d'envergure de cliches du genre: ON DIT (HEAR SAY) dit toujours que les Haïtiens n'arrivent jamais à s'unir pour un bien commun. Si au bout de quelques jours seulement chaque personne trouve une raison pour se retirer, eh bien nous donnons raison à la croyance populaire.

Ensuite si quelqu'un fait une gaffe as-tu intercédé aux pieds de REFLET S le GAFFEUR? Lui as-tu demandé de s'« EXCUSER » ??

Clair comme de l'eau de roche les ON-DIT sont bien sectaires et les ON-DIT encore plus bruyants.

La Séance est ajournée pour moi, je constate réellement que je perds mon temps ; respect !!

M G

Un groupe avec lequel je donne souvent ma collaboration au niveau de la diaspora haïtienne aux USA est intéressé à planifier une sorte de Sit-in symbolique devant le siège social de l'ONU à NY pour de protester contre le trafic d'humains, la prostitution, le choléra en Haïti et d'autres formes d'injustices dont L'ONU est directement ou indirectement responsable ; à l'occasion de la fête de la bataille de Vertières ce mois de novembre (je pense déjà que le deadline est court, mais l' initiative est noble).
Qu'est ce que vous en pensez?

Y F

Agréé Moise, mais le répit dont j'ai parlé est nécessaire en ce qui me concerne. Ayant pris à cœur cette participation, je ne peux cacher ma profonde déception ; et je ferais mieux de faire silence a présent, l'attitude la plus cérébrale et la plus sensée.
Je suis aussi disposée qu'avant, je n'ai qu'à m'accorder un court temps de préparation pour reprendre le dialogue !! Merci.
Regards !!

M J R

@ Yanick - Je ne sais pas de quelle hypocrisie de grandes envolées tu parles. Je n'ai jamais parlé à Reflet directement. En dehors du groupe, Mecthylde fut la seule à me parler online. Je prends mes décisions seule et je refuse de partager les chamailles des gens. Bonne nuit.

M C-E

Yanick, c'est certain que tu perds ton temps ici. Move on, darling ! Tu es trop intelligente pour te laisser tirer la ficelle par quiconque. Le jeu ne vaut pas la chandelle.

Y F
Très bien Moise, une ACTION symbolique modeste ou d'envergure est une proposition qui rejoint mes idées. Ta suggestion est valable et je t'encourage à en parler aux autres sur l'autre chaine...!! Un seul problème de logistique est prévisible dans un si court délai, mais ceux qui demeurent à New York sont déjà avantagés. Merci !!

M G
Reflet vous avait invité à être son audience ; je l'ai constaté dès le départ. Vous aviez fait rébellion et le projet a échoué. Point barre !
Maintenant, la meilleure façon de faire la différence est de démarrer sur de nouvelles bases et surtout en nous focalisant sur l'essentiel. Avec un plan bien défini.

Y F
@ Maryse - Je l'ai enfin compris, je te remercie. Je sais avoir opté pour le « MOVE ON », et je demeure disposée. " RÉBELLION" ?? RÉBELLION ?? Je n'en reviens pas. QUI EST REFLET S, Moise ??

M G
Merci Yanick. J'attends le feedback des autres membres avant de finaliser les détails.
Rébellion: Juste un mot pour décrire notre abandon ou Move on approche. Je suis sûre que nous sommes d'accord là-dessus.

Y F
Sous la baguette d'une entité masquée.... T'a-t-il fourni son « REBUTTAL » ??? Je n'en ai pas eu connaissance. Il te faudrait nous le divulguer. Quelle affaire ! Je n'ai pas dit oui, pour être à « l'audience » ou recevoir les dictats de quelqu'un qui ne RESPECTE PERSONNE.

M G

C'est exactement ce que je viens d'expliquer Yanick. C'était donc un simple résumé de ce qui s'est passé. Son approche et son objectif n'étaient pas du tout réalistes. Passons au nouveau groupe !

Y F

Attends donc toujours le « REBUTTAL », Moise ; il n'y a jamais eu de projets. Se rebeller ??? Tu as assez de courage pour l'écrire ??
À mes âges je ne saurais servir de tremplin pour l'envol de faux Prophètes.

Le résumé objectif devrait être ainsi libellé : suite au refus obstiné, catégorique de 'Reflet S' de s'identifier, nous avons décidé de nous dissocier de ce projet.

M G

J'ai reçu ses emails, mais je le comprends: nous ne sommes pas sur la même longueur d'onde. Tout simplement. C'est la raison pour laquelle je prends toujours mon temps à poser les bonnes questions et m'assurer d'une compréhension mutuelle afin d'éviter perte de temps et confusion.

C B

Moment ou heures de réflexion svp !

M S

... Comment un inutile mystère fait-il perdre du temps et une précieuse énergie à pas mal de gens de bonne volonté ?
Je vous ai rejoints avec l'envie de vous connaître et d'apporter ma modeste contribution à une réflexion sur les moyens d'aider Haïti. Avant moi, quelqu'un a soulevé un « vice de forme » dans la construction de notre communauté, et ce, avec raison. Peut-être, l'initiateur du projet a été maladroit, mais il ne semble pas qu'il se soit véritablement amendé...

Bref ! Je ne vais pas refaire cette histoire, mais pour l'heure, j'ai moi aussi besoin d'un peu de réflexion et de recul.

C B
Merci Michèle. Depuis le temps qu'Haïti se porte mal je ne crois pas que cela va faire une différence si on retraite un peu pour digérer tout ça...Bonne fin de semaine et prends un bon vin à ma santé

UNE ESQUISSE DE CONSTITUTION

-4-

UNE ESQUISSE DE CONSTITUTION

Cette esquisse de Constitution est la conception de mon imagination. Elle est conçue dans l'espoir de provoquer un débat constitutionnel en faveur de La Nation Haïtienne. Ce n'est qu'une Esquisse Constitutionnelle et ne se porte pas complète. Elle ne pourrait l'être qu'après débats, critiques, corrections, soustractions et additions. Elle est proposée dans un esprit du bien-être social, dans un esprit de philanthropie et sans ambition personnelle. Cette esquisse est écrite en français simple. Voici le Premier Article. J'invite vos critiques et vos commentaires, critiques et suggestions dans un débat sobre.

Bel-Ami de Montreux

SECTION 3. La langue nationale de La République Fédérale d'Haïti est le Français.

J L. T
Cette ébauche de constitution ne passera pas le referendum. L'Haïtien ne comprend pas encore que le créole ne l'emmène nulle part et qu'il y a 33 pays à l'ONU qui parlent français. Pour se faire comprendre, l'Haïtien doit forcement parler français ; il entend perfas et nefas faire du créole une langue officielle !

B-A M
Continuons à discuter...

B-A M
C'est chose absolue que le créole est parti intégrale de la vie haïtienne, mais, comme tu le dis, Jean, le créole a de sérieux handicaps. On ne peut pas faire de la scien-ce

avec le créole par exemple à cause de ses intrinsè-ques limitations. Et puis, de par notre position économique sur l'échiquier mondial, nous n'avons pas les moyens de faire imposer le créole dans le monde du commerce et des industries. Ainsi, un projet étatique d'éducation intensif visant les prochains 15-20 ans pour promouvoir la langue française dans toutes les sociétés serait une des solutions. Vos commentaires s'il vous plaît?

J L. T
En Haïti, Bel-Ami, le ridicule ne tue pas. Les plus grands créolophiles, on retrouve leurs enfants au Lycée Français. Allez comprendre ça !

A K
Je suis flattée d'être consultée sur un sujet si important et promets d'y donner toute mon attention ce weekend. Merci

H F-L
Pourquoi ne pas publiquement renoncer à l'haïtienneté et en finir tout bonnement. Si, ceux qui s'appelaient Français au 18ᵉ siècle s'étaient prononcés comme vous le sug-gérez ici, ils parleraient encore leurs dialectes ou leur créole Latin.

Moi je dirais Haïti aux Haïtiens, blancs ou noirs, et les autres, blancs ou noirs, qu'ils aillent vivre en France ou en France outre-mer.

« On ne peut pas faire de la science avec le créole, par exemple à cause de ses intrinsèques limita-tions » ; mais cela se fait en Mandarin ou en Japonais. Et quelles sont ces limitations :

= 0.111 x 300,000,000 x 300,000,000
= 10,000,000,000,000,000 Joules

Cela se traduit dans toutes les langues, chers amis. De toute façon je suis très étonné de vous entendre vous

prononcer de la sorte ; et franchement je suis profondément déçu.

N McC D
Encore une fois merci de me faire part de cette initiative,
et justement, je suis entièrement d'accord avec tous les
commentaires de Jean. Comme promis, au cours de ce
weekend je dédirai beaucoup plus de temps concernant
le sujet en question. Bien le merci!!

H F-L
A propos de la langue comme étant un moyen de
communication, je vous réfère cet article du lexicographe
du « Petit Robert » : Cliquer sur le lien pour vous
renseigner.
http://www.facebook.com/rvfanini?v=wall&story_fbid=155
633274473041&ref=noti...f&notif_t=feed_comment&fbb=r
a4424d52#!/note.php?note_id=134222253256450

B-A M
Merci Hervé. Je lirai le contenue du lien demain. C'est
bien que nous discutons le pour et le contre de la langue
nationale du pays. Continuons le débat que l'on soit déçu
ou pas. Nous cherchons des solutions. Tu as expliqué
que le mandarin et le japonais ont aussi des limitations.
Mais, je suis d'accord avec toi. Le problème qui se pose
est que la Chine et la Japon sont des puissances
économiques, scientifiques et militaires. Ces deux pays
ont quelque chose à dire du bien-être économique de la
planète. Pour négocier avec ces pays, on apprend leur
langue et eux, ils obligent leurs étudiants à apprendre
l'anglais, le français et l'espagnol par exemple. Je n'arrive
pas à penser à un seul pays au monde qui exige leurs
étudiants à apprendre le créole pour des raisons
économiques et scientifiques. Peut-être que tu nous
éliciteras sur ce sujet.
    Mais n'oublie pas de critiquer les autres articles
aussi et de dire tes pensées qui sont très appréciées et
attendues.

H F-L

Il n'y a pas grand chose à discuter. Les Haïtiens ne parlent pas Français.

Eddy Garnier

Deux choses. 1) D'abord Le Créole: Tout en respectant l'opinion émise, je me permets de souligner que cette position face au créole est dépassée et est vraiment pitoyable. Pour information, jusqu'à nos jours, le seul dictionnaire créole qui existe est américain (c'est un blanc qui l'a écrit). Avant d'aller plus loin les autres documents que l'on confond à un dictionnaire sont des lexiques. Cette crainte du créole est un faux problème. Que de pays ont leur propre langue et ne sont pas handicapés pour autant. La plupart des Haïtiens sont trilingues. Nous devrions être fiers de cette langue, si nous nous mettons en contexte.

Nous aurons toujours le privilège d'apprendre le grec, le latin, l'allemand, le chinois et nos livres en créole (notre langue maternelle) seront corrigés par les Blancs. J'ai toujours eu le cœur serré quand pour les Éditions CIDICAH, nous devions passer à Rigaud pour aller déposer les manuscrits en créole pour être corrigés par des religieuses canadiennes qui ont vécu en Haïti. Alors que Pierre Vernet, qui a péri dernièrement ainsi que les frères Déjean, Pompilus et co. sont des diplômés de Sorbone et autres en Linguistique. Je crois qu'avant de nous prononcer sur certaines questions, que nous nous informions sur le sujet en long et en large pour éviter que l'on non condamne avec le silence. C'est exactement ce qui se passe avec le Vodou. J'ai eu à écrire dernièrement que: Le Blanc a appris le Vaudou pour nous maitriser et que nous fuyons le vaudous pour nous faire exploiter. Pourtant nous sommes toujours fiers de faire cette citation classique: « J'embrasse mes ennemis c'est pour mieux l'étouffer ». Si je n'apprends pas ma propre langue comment puis-je prouver qu'elle est nocive pour le pays, le peuple...

La plus puissante congrégation protestante en Haïti a profité de ce genre de comportement négatif contre le créole pour tenir les fidèles par la gorge. Malgré que l'orthographe du créole haïtien ait été ratifiée en 1979, cette congrégation continue aujourd'hui à enseigner sa propre orthographe. Ce qui veut dire puisque nous n'avons pas un gouvernement conséquent. Il enseigne une autre orthographe pour que ces fidèles étant ignorant de l'ORTHOGRAPHE officielle n'ait d'autre choix que de lire ce qu'il sait lire, par le fait même il est abêti, exploité au rognon. Mon ami tu as le droit de ne pas aimer le créole et le choix de ne pas l'apprendre, mais le Blanc l'utilisera pour t'avoir et dire de toi ce qu'il pense de ce comportement. Dans, « Ainsi parla l'Oncle », Jean Price Mars a décrit ce qu'il appelle : « Chauvinisme intellectuel et du Bauvarisme.» Je suis certain que nous sommes pas très loin de ce comportement depuis...

2) Ébauche: Pourquoi en cherchant l'amour pour le peuple, lui suggérer le déchirement en l'accusant dès les premiers mots de sa constitution? La verve (les mots, la parole) a un pouvoir puissant ; très puissant:
« Achever une parfaite Union et La Haine et La Vengeance... »
Avec ça, pour le respect que je te dois, on nous ramène à 1804. Afficher la suite.

B-A M
Jean, Eddy, Hervé, merci pour les critiques. C'est pour ces raisons que je dis toujours qu'Haïti a besoin de ce genre de débat. N'abandonnez pas cet engagement si noble. Vous faites honneur à notre cause commune, le Patrimoine.
Saviez-vous que ce n'était pas facile quand les Américains étaient dans leur convention pour se faire une Constitution. Notre devoir supérieur est de continuer à discuter et à apprendre l'un de l'autre. On aura des débats mêmes plus difficiles dans les semaines et les mois à

venir. Merci de ce que vous apportez à ce projet. J'espère que d'autres amis, bientôt, ajouteront leur mot à ce débat. @ Nickens - Tu es peut-être le plus jeune de ce groupe. N'hésite pas à te faire entendre. Ce que tu as à dire à sa valeur en or.

H F-L
Un petit rappel sur la Constitution Haïtienne, avec le Français comme Langue Officielle:

COMMUNIQUÉ DE PRESSE

A la suite des propos RACISTES du parfumeur Jean Paul GUERLAIN,

...qui sur le plateau du Journal télévisé de 13 heures de France2 a déclaré : « pour une fois, je me suis mis à travailler comme un nègre ; je ne sais pas si les nègres ont tellement travaillé, mais enfin... » !

- À l'heure où le pouvoir colonial veut interdire aux Guadeloupéens de parler kreyòl dans ses tribunaux à l'occasion de parodies de procès contre les militants syndicaux;

- À l'heure où notre culture est rabaissée au rang de folklore par le pouvoir en place et ses différents relais en Guadeloupe ;
... c'est de façon tout à fait naturelle et décontractée que ces propos racistes sont sortis de la « bouche » de M. GUERLAIN. Le même qui exploitait jusqu'en 2002 des nègres clandestins originaires de l'archipel des Comores sur ses Plantations de Mayotte ; avant que l'inspection du travail ne le mette en cause.
Et tout cela sans d'ailleurs susciter – comme l'a souligné la journaliste nègre Audrey PULVAR dans sa réponse à Jean Paul GUERLAIN - grande indignation du « monde politique et médiatique » en France, car exprimés dans un pays où l'exclusion, les discrimina-

tions, la répression à l'encontre des jeunes habitant les banlieues et dont les parents sont issus de l'immigration, les humiliations et vexations quotidiennes de catégories entières de la population (la stigmatisation des « Roms » en est un exemple récent), le fichage des travailleurs et le racisme sont désormais banalisés voire légitimés par le pouvoir d'État.

Ces propos racistes n'ont suscité aucune réaction des élus, des politiques et autres intellectuels nègres des dernières colonies françaises si prompts à servir de larbins au pouvoir.

Aussi, au-delà de la condamnation de tels propos, LKP rappelle que la richesse de l'occident blanc et singulièrement de l'État français, s'est construite sur la traite négrière, l'esclavage et le massacre de millions de nègres, le vol et le pillage du continent africain et des colonies dont les enfants sont venus libérer la France des occupations allemandes.

LKP appelle l'ensemble des nègres et descendants de nègres, l'ensemble des communautés nègres et descendantes de nègres, à ne plus acheter un seul parfum de la marque GUERLAIN pou yo komanse arete meprize nou; et s'opposer par tous moyens, avec la plus grande détermination aux brimades, aux propos et aux remarques racistes ou xénophobes.

Ces atteintes à la dignité se multiplient à tous les niveaux, dans les stades, au travail, dans la vie quotidienne. Sans réaction, la banalisation de ces actes laissera la porte ouverte à toutes les dérives comme cela s'est déjà produit en France et ailleurs.

Il faut en finir avec ces clichés coloniaux, racistes et esclavagistes répandus et entretenus dans les esprits européens depuis des siècles.

Pour le Collectif LIYANNAJ KONT PWOFI-TASYON.

Elie DOMOTA,
Pointe-à-Pitre, le 15 Octobre 2010

- Si les Haïtiens qui se prétendent puristes de la langue de l'oppresseur s'attardaient à se comprendre dans la langue qui les libéra de l'esclavage, peut-être, cette conversation ne serait nécessaire.

Bel-Ami, je suggère que tu trouves un point qui puisse nous unir comme Haïtiens, si tu peux en trouver. De plus, la Constitution de 1805 n'était pas si mauvaise que ça. Il a fallu que la progéniture mentale, héritier des colons de langues oc et franc se compilât pour éliminer ce rêve de JJ Dessalines.

Mon cher ami, Il faut d'abord trouver des Haïtiens intègres qui puissent rehausser les valeurs ancestrales ; pas celles du colon.

« Le français est une langue romane, c'est-à-dire dérivée du latin (l'adjectif 'roman' vient de 'Romanus' = Romain), au même titre que l'italien, l'espagnol, le portugais et le roumain.

Naturellement, la transformation ne s'est pas faite du jour au lendemain: il a fallu de longs siècles pour que la langue nouvelle se dégageât de l'ancienne. D'autre part, sur notre sol même, le latin n'a pas donné naissance à une seule langue, mais à un grand nombre de dialectes, d'abord d'importance à peu près équiva-lente, mais dont l'un, le 'francien', s'est imposé peu à peu. »

http://www.lettres-et-arts.net/histoire_litteraire_moyen-age_16_eme_siecle/21-la_naissance_d_une_langue

C E D
Mes amis, cette affaire de langue mettra les fils du pays dos à dos. Pourquoi ne pas couper le gâteau en deux et rendre le pays bilingue ?

Pour moi cette affaire de langue est un faux problème, que l'on le veuille ou non, nous sommes un carrefour de civilisation entre l'Afrique et l'Europe alors que nous vivons dans la Caraïbe. Je ne pense pas que, rejeter ceci pour cela fera une différence. On doit surtout discuter sur ce qui nous unis et laisser la religion et la langue pour plus tard parce que ces deux sujets là ne feront qu'accentuer la division. Essayons d'abord de voir comment on peut sauver le pays. NOTRE MAISON EST en FEU ! L'urgence est de sauver ce qui peut être sauvé. Je dois ajouter que je ne connais aucun pays qui soit sous-développé à cause de sa langue. Pratiquement, presque tous ces pays à l'exception de quelque de l'Europe de l'Est, ont été des anciennes colonies et continue jusqu'à ce jour à souffrir sous le poids du néocolonialisme.

H F-L
Justement Charles, il faut d'abord éclaircir ces deux points qui nous divisent: la Religion des colons et la Langue des colons. Si nous cessons d'être hypocrites à ce sujet, peut-être nous pouvons avancer de deux pas.

Comment s'entendre avec quelqu'un qui au départ se pense supérieur parce qu'il se dit chrétien ou parce qu'il rabâche le français ; peux-tu m'expliquer ?

C E D
Hervé, tu sais très bien qu'on est sur la même page, mais il faut savoir choisir le lieu et le temps de ses combats si on veut unir le pays pour le sauver. On ne peut pas parler de notre culture. C'est un sujet tabou qu'il faudra aborder dans un autre temps. On a besoin de tout le monde maintenant, qu'ils soient vodouisants ou chrétiens ; qu'ils parlent français ou créole. La seule façon de sauver le pays c'est par l'union ; et ces sujets sont corrosifs !

B-A M
Et pourquoi ne pas donner des réflexions à l'idée de Charles. Quand je pensais que le Français pouvait être la langue officielle du pays, je n'avais en tête que le développement et le commerce. Il n'est jamais question de conserver la langue du colon des siècles passés. Cette langue française est notre. Nous l'avons capturée des Français en gagnant notre Independence. Nous avons le droit d'en faire ce que nous voulons.

Nous sommes Haïtiens d'âme et de terre. L'Espagnol est la langue officielle des pays l'Amérique du Sud. Le Portugais est celui du Brésil. Le Mexique parle espagnol. Ces pays on acquit ces langues avec leur indépendance. Haïti est même allée plus loin, ayant eu à payer aux Français une dette pour protéger son indépendance.

Il y a les Français citoyens de France et il y a le Français comme langue d'expression internationale. Les Français de France n'ont pas une licence ou droit unique à cette langue. S'ils en avaient en 1804 ou avant, ils l'ont perdue quand ils ont quitté leurs frontières pour aller coloniser d'autres peuples.

Le Français comme langue est nôtre. On le revendique! On l'a gagné par les sueurs et l'atrocité de l'esclavage et par le sang et nul ne saurait nous le reprendre. Si c'est avec cette langue qu'il nous faut négocier dans certains milieux et alléger nos souffrances et noter misère de peuple, on le fera.

Le Créole est dans nos âmes et dans nos cœurs. Il fait vibrer notre esprit. Il dérive du français. C'était l'expres-sion sur les champs de bataille pour l'indépendance et la langue qui exprime le mieux notre détresse et notre désolation.

Je serais d'accord qu'il faut mettre le Créole comme langue officielle en parité avec le Français.

Vos opinions s'il vous plaît !

M C
Je suis d'accord avec Hervé Fanini-Lemoine. Mais c'est là un débat sur un sujet qui a tant de ramifications que je ne me sens pas à la hauteur. Ce que je peux dire pourtant, concernant le créole haïtien, comme le Guadeloupéen ou le Réunionnais, c'est qu'il s'agit là d'une « langue maternelle » et tout est dit. Qu'elle devienne langue officielle ou à parité avec le Français, pourquoi pas. Mais une chose est sûre, c'est qu'elle doit être « académisée » et que, pour prendre mon cas, quand j'écris des romans

sur Haïti, que je puisse avoir une référence indiscutable pour l'orthographe des mots et des expressions créoles que j'utilise.

H F-L
@ Bel-Ami - Combien d'Haïtiens parlent français, d'après toi ?

B-A M
Hervé, je ne sais pas. Je sais cependant qu'un grand pourcentage d'Haïtiens parle français d'une façon ou d'une autre. Bon français--mauvais français égalent français à mon avis. Un vrai projet d'éducation pour améliorer le français des Haïtiens et, comme le dit Michèle, académiser le créole ferait l'affaire.

Il parait que certains considèrent la langue française comme la langue de l'oppresseur, la langue du diable de nos malheurs, de notre misère et de notre héritage psychologique à ne pas nous améliorer. Il nous faut apprendre à laisser à l'histoire ce qui est à l'histoire, et avancer. On ne peut plus continuer à dire que nous sommes dans la boue ou nous gisons à cause de l'héritage de l'esclavage. Quelques années sont passées depuis. On ne va pas pouvoir éternellement blâmer l'ennemi d'hier. Prenons ce qui est bon de cet héritage et mettons-nous à écrire une autre histoire. Les générations à venir seront fières de nous.

W N
Disons qu'Haïti a une population de 9.7 millions, 830 000 personnes peuvent s'exprimer en français 2%

Le Créole haïtien fait partie des créoles français parce que sa base lexicale provient en grande partie du vocabulaire français, bien que sa grammaire soit restée globalement d'origine africaine. Aujourd'hui, on distingue le créole martiniquais, le créole guadeloupéen, le créole haïtien, le créole dominicain, le créole saint-lucien, le créole réunionnais, le créole guyanais, le créole seychellois, le créole mauricien, etc. La population créolophone à base française est estimée à environ 10 millions de locuteurs, dont sept millions en Haïti, environ un million à l'île Maurice, 600 000 à la Réunion, 380 000 à la Martinique, 425 000 à la Guadeloupe, 70 000 aux Seychelles, etc.

Lorsque deux créolophones unilingues, d'origine géographique proche (p. ex., Haïti et la Martinique ou la Guadeloupe), communiquent entre eux, il arrive que l'accent, l'intonation, un nombre plus ou moins important de termes inconnus, de même que certains éléments grammaticaux et des tournures syntaxiques, puissent entraver la compréhension, surtout lorsque ces créolophones sont peu instruits. Néanmoins, même si l'intercompréhension entre les créoles des Antilles (par ex., la Martinique) et les créoles de l'océan Indien (par ex., La Réunion) est très limitée, pour ne pas dire nulle, ces langues présentent des traits communs si originaux et si spécifiques qu'on ne peut douter d'une origine commune: la langue coloniale des 17e et 18e siècles. Évidemment, un créolophone à base de français voit sa marge de compréhension rétrécir considéra-blement s'il parle à un créolophone à base d'anglais; la compréhension risque de se limiter à des messages extrêmement simples.

En Haïti, 80 % des habitants ne parlent que le créole. Par conséquent, environ 18 % des Haïtiens parlent le créole et le français (à divers degrés). Certains habitants viennent de la République Dominicaine et parlent l'espagnol ou l'anglais. Il y a un tout petit nombre de travailleurs immigrants d'origine arabe et chinoise. Cela étant dit, le créole demeure la langue qui permet à tous les Haïtiens de se comprendre entre eux. C'est ce constat qui permettait aux linguiste et grammairien haïtien Pradel Pompilus (1914-2000) d'affirmer en 1973, dans « Contribution à l'étude comparée du créole et du français à partir du créole haïtien »: « *Le français n'est pas notre langue maternelle; la langue de notre vie affective, la langue de notre vie profonde, la langue de notre vie pratique, pour la plupart d'entre nous, c'est le créole, idiome à la fois très proche et très éloigné du français.* » De fait, le créole haïtien est une langue très vivante, qui possède une orthographe fixée depuis la fin des années soixante-dix. De plus en plus d'écrivains en font un usage courant. Dans les écoles, il existe des manuels en créole et les élèves subissent des examens en créole.

Le créole parlé à Haïti n'est cependant pas uniforme. On peut distinguer trois variantes dialectales : le créole du Nord (incluant Cap-Haïtien), le créole du Centre, dont la capitale Port-au-Prince, et le créole du Sud. La variante la mieux considérée est celle de la capitale. Beaucoup d'Haïtiens parlent non seulement leur propre variété de créole, mais aussi celle de Port-au-Prince pour des raisons pratiques. Néanmoins, l'intercompréhension entre les trois grandes variétés de créole haïtien demeure relativement aisée, malgré les différences phonétiques ou lexicales.

Le créole haïtien est parlé aussi en dehors d'Haïti par les membres de la diaspora, notamment à la Martinique, à la Guadeloupe, à la Guyane française, en Floride (Miami), à New York, au Québec (Montréal), en France, etc.

Sur le plan social, le créole haïtien n'est pas très valorisé, car il est associé à une classe «inférieure». C'est le français, l'anglais ou l'espagnol qui peuvent servir de langues de prestige. Voici à cet égard un texte rédigé en 1978 par le ministre Joseph C. Bernard dont l'objectif était d'éliminer l'élitisme dont souffraient les écoles haïtiennes:

On assiste donc à une lutte contre [sic] les deux langues, lutte liée tout au long de l'histoire d'Haïti à une sorte de lutte de classe : le français, langue de la classe dominante qui fait tout pour dénigrer et maintenir dans un état d'infériorité la langue du plus grand nombre; le créole, langue unique des masses à qui on a fini par faire croire qu'ils [sic] sont inférieurs à ceux qui parlent français. Il s'est donc créé une idéologie diglossique tendant à consolider la superposition entre les deux langues en conflit. L'école a été le moyen le plus sûr pour asseoir cette idéologie.

Durant plusieurs décennies, la direction scolaire pouvait instaurer un « système de jetons » en guise de renforcement. Au cours de la récréation, un enseignant donnait un jeton aux élèves qui « s'oubliaient » en parlant créole et, après la récréation, ceux-ci étaient punis. De même, au cours du 19ᵉ siècle et durant une partie du 20ᵉ, les petits élèves bretons de France, qui étaient surpris à « parler breton », devaient porter un bonnet d'âne en guise de punition. Dans d'autres régions de France, il y eut le sabot de bois à porter au cou, une ardoise à porter au cou (« Je parle breton ») ou un objet quelconque destiné à faire exclure de l'école toute autre langue que le Français, quand ce n'était pas pour attirer les moqueries sur l'élève qui n'appliquait pas le règlement du type « Interdit de cracher par terre ou de parler breton. » On trouvera ICI (voir le document) un petit texte (en créole et en français) du Département haïtien de l'éducation qui, pour compter enfin ce préjugé, invitait l'école à valoriser le créole.

H F-L
@ Wilner - à peine 2%!
@ Bel-Ami - Cela me fait rire un peu mon cher. La réalité est que la langue française en Haïti est un outil de répression. C'est un moyen de communication qui sépare les moins de 2% qui s'expriment bien ou mal dans cette langue du reste de la population. « Si w konn pale franse ou se entelektyèl. » C'est à partir de cette vision que même celui qui est plus proche de l'Afrique de par sa pigmentation utile ce langage pour piétiner sa propre famille. D'ailleurs ce qui est à constater c'est que le mulâtre haïtien n'a aucun problème à communiquer en créole avec une nouvelle connaissance. Mais le Noir par contre essayera toujours de se présenter en français. J'espère que tu comprends pourquoi.

J'aime ta démarche Bel-Ami. Je pense qu'elle est noble et vient du cœur. Cependant, il faut être franc et affronter les vrais problèmes. On ne peut se permettre de les traiter plu tard : le problème est imminent : c'est l'oblitération forcée de la culture de nos ancêtres en faveur de celle du colon. Il n'y a absolument aucun problème que l'Haïtien apprenne la langue française ; la proposée comme langue officielle est une insulte à la majorité du peuple.

Il est à noter que la plupart de ceux qui favorisent cette tendance ne peuvent communiquer avec leurs parents dans cette langue. Quelle hypocrisie !

@ Wilner - *Gwo kout chapo pou gran nèg sa a ki rele Wilner la. Le youn moun ka dokimante de sa lap di, tout voye monte vinn al bwa chat. Mesi anpil pou enfòmasyion sa a frè mwen.*

C E D
@ Wilner & Hervé - Je dois d'abord vous dire que vous avez parfaitement raison quand il s'agit du rôle de la langue et j'ajouterais aussi, de la religion dans l'asservissement du peuple. Mais nous sommes à un carrefour historique où des forces hostiles aux conquêtes de 1804 sont en train de mettre les bases pour la complète prise en charge des destinées de la Nation ; cela veut dire que la République D'Haïti telle qu'on la connait n'existera plus sous peu. C'est le moment pour nous de s'unir pour sortir le pays de la déchéance dans laquelle elle se trouve, et d'ailleurs si « les Amis D'Haïti » réussissent dans leurs démarches, on parlera l'anglais ou l'espagnol et on aura besoin d'un visa pour visiter notre ancienne république. C'est la raison pour laquelle je soutiens l'initiative de Bel-Ami qui a pris son temps pour nous apporter une tentative de Constitution dont le préambule a attiré mon attention...

Je me demandais toujours comment rallier toutes les forces vives de la nation pour sauver le pays contre un danger de désintégration. Quand j'ai lu les premières phrases du travail de notre ami, je me suis dit que c'était une idée assez attrayante dont il faudra visiter les contours ; je parle du « Conseil de Vérité » qui, à mon humble avis, pourrait être un outil capable de rallier les oppresseurs et les oppressés. Car le pays appartient à tous ses enfants et je pense qu'il revient à nous de l'élite intellectuelle de faire quelque chose pour sauver le pays du désastre qui se faufile à l'horizon. Mais, pour cela, il faut d'abord l'union de tous les Haïtiens et ce n'est pas en pérorant sur l'utilité d'une langue au lieu de l'autre que l'on arrivera à l'unité. La priorité pour l'instant est l'union de tous les Haïtiens quelque soit leur langue. Et la proposition de Bel-Ami, quant à l'institution d'un conseil de vérité, pourrait être un point de départ. Je pense qu'on peut avoir un consensus là-dessus, car il faut rompre avec le cercle vicieux du *dechoukage* et des règlements de comptes qui ont déstabilisé le pays pendant près d'un quart de siècle. On peut voir le résultat : un État quasiment inexistant ; des gouvernements faibles ; une division à n'en plus finir ; une nation en péril et une économie dévastée.

L'heure est à l'union. Les problèmes de langues, quoiqu'important, doivent être adressés ultérieurement, dans le cadre d'un nouveau contrat social. Avec tout le respect que je vous dois ; patriotiquement.

B-A M
@ Charles - Je ne saurais dire mieux. Merci.

On a tant de travail à faire et j'espère que d'une façon ou d'une autre, les Haïtiens finiront vite, très vite, par comprendre la gravité de la situation et le besoin de s'unir pour uniquement sauver le Patrimoine et léguer quelque chose à nos enfants. Il est temps d'être nobles et de faire honneur à nos ancêtres. Le pays va mal ; très mal. Aujourd'hui des gens tombent malades de Cholera. Des centaines sont en train de mourir à cause de l'eau polluée qu'ils boivent ! Ce n'est pas sérieux en plein 21e siècle. C'est criminel !

Unissons-nous ! Je comprends assez bien l'utilité des deux langues dans note vie quotidienne et dans le développement. Discutons maintenant La Réconciliation

Nationale et Le Conseil de Vérité. Comme le pense Charles, c'est de là que notre vraie liberté de peuple prendra son essor.

H F-L
Je suis pour toutes les solutions nécessaires pour préserver notre patrie, Charles. Il faut commencer par le commencement: comment et sur quel principe, s'unir ? Depuis 1806, après l'assassinat de l'empereur, l'haïtien parle d'union. Comment s'unir après tant de défaillances sociales. Comment s'unir quand une minorité de mentalités coloniales continue à gérer et contrôler l'État. Comment s'unir quand la population est sous le joug d'une hégémonie religieuse qui prime les affaires de l'État et de la société. Comment s'unir si là encore, on discute de langue officielle pour un pays qui a une langue officielle parlée par 99% de la population. Il faut faire un recul et y réfléchir sérieusement, sans hypocrisie.

Bel-Ami a présenté une très belle initiative rêveuse dont je partage l'essence, mais, mes amis, commençons par le commencement ! Proposons d'abord un plan d'éducation à la société. Un plan d'éducation qui enseignera aux Haïtiens que leurs ancêtres n'étaient pas des bêtes féroces. Que leurs ancêtres n'étaient pas des accul-turés. Et que finalement, la couleur NOIRE n'est pas la couleur du diable que ceux qui se disent chrétiens ont inventé. Soyons sérieux !

C E D
Hervé tout ce que tu dis est absolument vrai. Mais imagine Dessalines, Toussaint, Capois, ML King, Nelson Mandela se lavant les mains face à la tache à accomplir, les obstacles qu'ils ont du surmonté et tu sais pourquoi ils ont persisté ; parce qu'ils défendaient une juste cause. Il en est de même pour nous. On a l'obligation de faire quelque chose parce que nous défendons les droits d'un peuple à l'éducation, à la santé, à la nourriture et à la santé. C'est ce qui compte et c'est la raison pour laquelle

nos ancêtres, et plus près de nous, Mandella et MLK ont gagné la lutte. Ils étaient du bon côté de l'histoire.

H F-L

@ Charles – Nous avons tous la même vision, celle de voir une Haïti prospère où tous les Haïtiens peuvent confortablement jouir de l'héritage ancestral. Voir une Haïti où les divisions sociales ne seront plus basées sur la langue parlée et sur la couleur de la peau.

Il y a plusieurs, avant nous, qui ont prôné cette Union, utilisant une maxime léthargique : « An met tèt nou ansanm » ! Mes chers amis, nous devons combattre le feu, non la flamme et la fumée. Autan que nous n'attaquions le cancer, la maladie ne fera qu'empirer ; bien que les sédatifs prescrits semblent soulager le malade. Dans votre allocution ci-haut mentionnée, vous semblez proposer un soulagement temporaire. Je pense que cette fois-ci il faut résoudre le problème dans la racine.

Dans notre folklore les Haïtiens disent souvent, et à haute voix « blan an sòt monchè, se bay la p bay, an nou pran non » ! Et voilà où est-ce que l'on est aujourd'hui, à reconsidérer une stratégie pour nous libérer de cette main-mise presque totalitaire sur notre société.

Je suggère que nous regardâmes plus près de nous-mêmes, au profond de notre 'anima' afin de réaliser que le 'persona' qui nous conduit nous emmène dans l'abîme et à l'abandon de l'héritage ancestral. De ce fait, la patience est l'une de nos armes et, la connaissance de soi est l'autre acquis qui permettra à atteindre cette nouvelle libération.

B-A M

Je crois que l'Haïtien a toujours été fier de lui-même, malgré sa pauvreté et sa misère. Cela n'a jamais été aussi évident que durant et après le tremblement de terre !!! On ne peut faire une Constitution en se basant sur la race. L'Haïtien d'aujourd'hui est Noir, Blanc, Beige et de toutes les couleurs de l'arc-en-ciel. Ce n'est jamais que l'on souffre d'une infériorité ethnique ou raciste. C'est la faiblesse des lois, leurs non-applications, le complexe d'infériorité des leaders, l'incompétence des institutions de gouvernement, la mentalité parasite et surtout, l'ego du soi ; tout ceci entrave les roues du développement.

Il nous faut œuvrer à faire de ce pays une vraie nation de lois que les autres pays sauront respecter. Les affaires de fierté raciale prendront racine de la solidarité de l'Union et d'une société de loi et de justice.

Le silence de la majorité de gens choisis pour participer dans cet article est étonnant... puisqu'ils parlent toujours du besoin de changer le cours du pays. Je ne comprends pas. C'est décourageant quand même !!!!

H F-L
@ Bel-Ami - Essaie de lancer une ONG, t'affichant avec un petit nègre « pour adoption », tu verras la différence. Maintenant tu comprends le problème mon frère. Il faut commencer par le commencement, éduquer, éduquer, éduquer, dans la langue maternelle mon ami !

Une introduction sur l'apprentissage du vernaculaire haïtien, bien entendu pour ceux qui sont Haïtiens et ne savent pas écrire correctement leur langue.
http://www.potomitan.info/vedrine/toil.pdf

C E D
@ Hervé - Comment éduquer si on n'a pas un état qui prend en compte les aspirations populaires. Tous les problèmes que confronte le pays n'ont qu'une cause : l'État, si on ne fait pas table rase de ce système, le pays finira par se désintégrer.

Hervé, prend un aspect de la nature humaine pour justifier notre retard, partout les hommes sont pareil. Il revient à l'État de corriger les déséquilibres sociaux. Le rôle de l'État est d'arbitrer l'interaction des divers groupes sociaux et économiques. L'État est à la fois le régulateur et le catalyseur avec l'ultime objective de promouvoir le bien-être social de ses citoyens. Mais, malheureusement, en Haïti, l'État n'a qu'un seul rôle : de s'assurer de la permanence du statu quo et entraver tout développent social et économique. L'État a exécuté à la lettre toutes les exigences des bailleurs de fonds, politiques, qui ont mis le pays à genoux, transformant le pays en une république des ONG avec pour idéologie, « le Misérabilisme » qui consiste à profiter des cataclysmes naturels et de la misère du peuple pour présenter son *Kwi* et du coup transformer nos embrassades en caisse populaire. Si tu veux penser que notre problème est la langue, je finirai en te rappelant que « ti pè a se kreyòl ke li pale ak pèp la ; kote li ye kounye a ? Djakout li byen shage.

E B
@ Bel-Ami - Vous faites un exercice intellectuel extraordinaire. Je vous encourage à continuer votre texte.

Toute constitution reflète une vision politique ou un modèle de société. Vos idées sont ingénieuses et innovatrices. Toutes mes félicitations !

M G
Quoique je comprenne l'idée derrière l'annulation du titre de Président, je pense que l'on peut toujours conserver ce titre au lieu de Secrétaire Général. Toutefois, je suis entièrement d'accord avec le changement de secrétaire au lieu de Ministre.

Connaissant la complexité de l'Administration publique en Haïti, je pense que le Président peut être éligible jusqu'a trois (3) mandats consécutifs s'il peut être élu démocratiquement. Quinze ans sont quand même peu pour garantir la continuité de certains projets. Puis, ce Président pourrait être éligible pour un seul mandat uniquement, s'il parvient à boucler trois mandats consécutifs.

Contrairement aux USA et bien d'autres pays démocratiques, je pense que le Président, une fois élu, ne devrait avoir d'autres fonctions ou lien particulier avec un parti politique, même celui qui lui a porté au pou-voir, si cela a été le cas, afin de créer un climat d'impar-tialité.

EX. Maintenant aux USA, en essayant de supporter le parti démocratique et supporter quelques candidats, le Président Obama semble devenir très distrait par rapport aux priorités actuelles du pays. Ce cas, quoique vraiment précaire, est l'un des points faibles de bon nombre de pays ayant un système démocratique.

J'attends aussi le chapitre lie au conseil électoral permanent ! (Une simple improvisation).

JEAN-JACQUES DESSALINES

-5-

JEAN-JACQUES DESSALINES

Nous sommes allés te rendre hommage ce matin,
à la main, un bouquet de fleurs coupées de jasmin.
Toi, l'homme au subtil dessein,
qui nous a unis, à jamais, à ton héroïque destin.
Le voyage à pied a été long, pourtant, du courage, nous
en avions !
Et, la DESSALINIENNE, nous chantions.
Sous ce ciel, d'un bleu d'azur, ensoleillé,
nos forces, de ton aura, décuplées aient
Nous pensâmes à toi, pendant toute la durée.
Toi, l'esclave combattant,
qui de la blanche servitude d'antan ...
tu nous as libérés pour un temps.
Tu es dans nos Cœurs, ce héros,
et dans nos veines, ce sang chaud ...
Tu es notre porte-drapeau,
Toi, de la CRÊTE A PIERROT, sur les hauteurs,
tu as marqué la colline de son ardeur
par ta bravoure légendaire.
Tu as laissé ROCHAMBEAU, comme un gamin
sur le bord du chemin,
la tête dans les mains.
Affaibli et dépité par sa défaite,
lorsque, sur la France, il s'énonçait
et les feuilles de l'automne, tombaient,
toi, DESSALINES, sur la route de VERTIERES, fièrement
tu avançais !

L'âme des vieilles pierres du fort gardera à jamais le
souvenir de ce glorieux moment où l'adversaire, face à la
puissante détermination de ces « marrons » armés de
simples machettes, prêts à perdre leur vie, pour gagner le
droit à la liberté, déclara forfait.

Toi, vaillante porte-flambeau, tu es l'éclaireur des premiers pas des libérateurs de ces frères de combat que tu emmenas sur le chemin de la victoire, le premier JAN-VIER 1804, où l'on déclara HAÏTI, première Répu-blique Noire Indépendante. JACQUES PREMIER était né : Vive l'Empereur !

Mais de Héros, tu es devenu l'ennemi : on t'assassinât au PONT ROUGE ! C'est en souvenir de tout cela, que, aujourd'hui, nous avons tant marché, oubliant notre épuisement et les gouttes de sang qui perlaient de nos pieds écorchés par cette longue marche. Nous ne pensions qu'à te rendre hommage. Lorsque nous arrivâmes aux CHAMPS DE MARS, nous étions si fiers d'être là. Une foule immense en habits du dimanche, les hommes en complet, les femmes aux cheveux joliment tressés, venait s'incliner, s'agenouillant au pied de ton Mausolée, avec respect ; tous, ils déposaient leur petit bouquet de reconnaissance. C'est alors que l'on commença à chanter, à gorge déployée, l'hymne National d'Haïti.

En regardant toute cette foule de coeurs unis pour cette journée du souvenir, nous ressentions une vive émotion, qui faisait trembler nos voix ; certains d'entre nous se frottaient les yeux, d'autres essuyaient avec leur mouchoir les perles de larmes qui s'écoulaient sur leurs joues, nous rappelant tous de la valeur de la phrase symbolique de notre drapeau : « **L'UNION FAIT LA FORCE** »

Nous n'oublierons jamais cette journée, elle est gravée en nous, comme ton nom est gravé dans nos Coeurs ...

Pascale Pavy

M V
C est l'un de nos Héros qui ont fait notre Fierté. J ADMIRE.......

H F-L
C'est la fierté Nationale qui a été déroutée par les héritiers des colonisateurs.

C E D
Nos déboires ont commencé avec la mort de l'Empereur JJ Dessalines.

H F-L
Je suis d'accord avec toi, Eric. JJ Dessalines est le père de la Nation Haïtienne mais, malheureusement, peu d'Haïtiens comprennent la dynamique !

M V
Les Haïtiens comprennent bien la dynamique, mais ils refusent de l'admettre parce qu'il n'existe plus cette Solidarité, cette Union, cette Motivation qui enflammaient nos Anciens pour s'en sortir ; ceci, donnant leur Vie pour notre liberté.
De nos jours, c'est « le chacun-pour-soi » qui règne. Et, c'est de cette façon que celui qui possède le plus continuera à s'enrichir au détriment d'un peuple souffrant. C'est vraiment indigne et triste à la fois.

C E D
Ce qu'il nous faut d'abord, c'est qu'une génération se décide à faire des sacrifices pour que les futures générations puissent vivre dans un pays où les gens peuvent plus au moins s'assurer le « primum vivere »

A S
Maggie, il n'y a jamais eu une vraie solidarité des classes en Haïti. Ceci, même à l'aube de notre indé-pendance. Ce ne fut qu'un accord temporaire violé par l'élimination de Dessalines.

H F-L
@ Maggie - C'est ce que tu penses ma chère. Sais-tu combien de livres sont écrits sur Dessalines ? En tout cas

pas beaucoup, à comparer à Toussaint, le gouverneur français de Saint-Domingue.

Dessalines à su dire NON à l'esclavage. Il a voulu équitablement séparer les terres exploitées par les colons et par leurs fils et les distribuer à ceux qui n'en avaient pas. Malheureusement, donner des terres aux nouveaux Haïtiens et les rendre sur un pied d'égalité avec le reste, représentait un crime contre les héritiers du statu quo. Il a payé de sa vie pour avoir eu cette vision. Lâchement. Il a été assassiné par ses propres frères. (Je ne ferai pas de spéculation)

Tous les Haïtiens qui ont fréquenté l'école en Haïti ont appris que Dessalines était un tueur de blancs. Il n'y jamais eu un Haïtien remplissant un rôle de leadership dans les affaires de l'État qui considérât proposer aux Frères de l'Instruction Chrétienne de porter des corrections.

Fais un sondage toi-même Maggie et rends-t'en compte, combien de nos frères et sœurs méconnaissent la vraie histoire d'Haïti.

Cela fait à peine quelques années où, un mouvement Nationaliste commença favorisant la vision de l'Empereur.

La vérité à un son particulier parce que la vérité doit toujours être vrai et doit constamment être sans variante.

M M-R
Les vrais bouquins sur l'histoire d'Haïti existent, mais ils n'ont jamais été publiés en grand volume (tirage de 250 au plus). Et les frères de l'Instruction Chrétienne n'avaient aucun intérêt à nous les laisser lire, car nous nous serions rebellés contre la récitation de « Nous les Gaulois. » Mais les anciens du Lycée Pétion peuvent nous passer leurs notes, ou encore le fils du professeur Balmire ou Prof Appollon peut nous faire savoir ou trouver leurs écrits.

Tout cela me fais sourire, car, quel haïtien peut nous dire où est La Gaule?

K Et J

Sous les coups portés par des insurgés et par d'autres généraux alliés, une réforme agraire au profit des anciens esclaves sans terre a causé la mort de Jean-Jacques Dessalines, le premier Haïtien. HAÏTI est un pays qui depuis plus de deux siècles semble être condamné au malheur!

C P M-C

Le sang de Jean-Jacques Dessalines, le père de notre patrie, a laissé une tâche obscure sur le drapeau haïtien créé seulement trois ans auparavant. Cette tâche couvre notre devise nationale, « l'union fait la force. » Cet assassinat à marquer notre sort tel, il nous a condamnés au malheur.

Nous payerons pour cette trahison jusqu'à la fin des temps. Ils ont trahi Dessalines et ils n'ont pas honoré l'union.

Cette alliance était un accord, un contrat. Ne pas l'honorer, a engendré la discorde d'où la faillite de la Nation.

Maintenant, nous ne pouvons que rêver de ce que nous pourrions être si nous pouvions effacer ce triste assassinat de notre histoire.

M M-R

Hervé, ou que tu sois mon ami, je t'envoie un sac plein de bises. Conversation à continuer.

P P

@ MAGGIE - DESSALINES est plus qu'une fierté pour l'Haïtien. C'est un symbole qui représentait à la fois, le courage, l'obstination, la combativité, la force et la justice.

Eh oui, CHARLES, et je dirais même les « déboires » ont commencé avant sa mort, puisque son assassinat est le résultat d'une division qui existait déjà. Cet homme voulait un lopin de terre pour chacun et prônait l'égalité entre les hommes. Alors que ceux qui l'ont assassiné prônaient une forme d'exploitation d'un homme par un autre.

@ ALIX - Je pense qu'au départ tous ces hommes étaient « unis » pour le même combat. C'est d'ailleurs ce qui leur a permis de le gagner, et ainsi vaincre l'ennemi. Mais lorsqu'il y a en jeux l'exploitation de richesses, que ce soit de terre, d'or, de diamants, de minerais, de pétrole ou même de « pouvoir », l'homme, inévitablement se divise.

DESSALINES avait combattu l'esclavagisme et quelque part une forme « d'aliénation » ; et ceux qui l'ont assassiné voulaient remettre en place une nouvelle forme d'asservissement.

Oui MAGGIE, tu as raison. HAÏTI n'a malheureusement pas échappé au despotisme des mots « JE », « MOI » qui font « fureur » dans le monde des pays industrialisés qu'on nomme, bien à tort sûrement, des pays dits : « développés. » Mais, contrairement aux citoyens de ces pays riches, le peuple HAÏTIEN n'a pas les moyens de se comporter en égoïste et d'une manière « individuelle. »

Pour se sortir de sa « pauvre » misère, le peuple doit s'unir, resserrer les rangs, et surtout, penser à nouveau à la force de cette phrase emblématique : « **L'UNION FAIT LA FORCE** », qui a permis à leurs éminents ancêtres d'être ce qu'ils ont été : des HÉROS, des révolutionnaires, qui se sont mis en révolution contre l'inégalité, contre un SYSTÈME inégalitaire.

Aujourd'hui, bien que le combat à mener soit un peu différent, les moyens pour le gagner sont identiques. Il faut se mettre à l'œuvre, faire un pas dans le même sens, et les autres pas suivra. Il est important de se RASSEMBLER.

Bien qu'il faut toujours un leader, pour mener les troupes, les fédérer, etc., il faut tout autant le nombre pour constituer l'impulsion, la force « vive », et la petite armée de bonnes âmes sera prête.

@ CHARLES - Oui, il faut des combattants ! Mais pourquoi ne serait-elle pas multigénérationnelle cette armée ??? En tout cas, c'est maintenant qu'elle doit se constituer, car demain, il sera trop tard pour ces nouveaux enfants qui viennent de voir le jour dans cette médiocrité. En tant qu'êtres humains, et adultes, ne voulez-vous pas qu'ils puissent voir un jour le bleu du ciel ? Alors, ENSEMBLE travaillons pour leur construire un bleu « à venir » ; un Avenir.

@ CLAUDIE - Je ne suis pas d'accord avec toi. Une « tâche » sur un « drapeau » n'est pas une fatalité qui nous est « imposée » pour l'Éternité. Une tâche, en la « frottant » avec énergie, finit par quasiment faire « disparaître. » En montrant une nouvelle « UNITÉ », le peuple HAÏTIEN ferait une résilience et atténuerait son mal-être profond. Les querelles de clocher doivent s'arrêter.

Nous sommes une Trentaine à nous être « unis » pour un passionnant débat autour d'un texte. Nous avons parlé, mais surtout nous avons tenté de trouver des réponses. Alors, ne restons pas sur des idées pessimistes, et essayons de « fédérer » d'autres personnes autour de nous pour cette même cause : celle de sauver HAÏTI et surtout sa jeunesse ; car celle-ci représente presque 50% de la population.

Vous parliez du manque de culture « historique » de la jeunesse ; en qualité d'adultes, c'est un devoir pour nous, que de les instruire. Un devoir de « mémoire », notamment. Alors si chacun d'entre nous prenait en « charge » l'instruction d'un enfant, ne ferions-nous pas déjà un pas « CONCRET » ? Alors, RONY, RALPH, FANFAN, MAGGIE, CHARLES, ALIX, GINA, MONIQUE,

LAKAY, KERLINE, CLAUDIE, ERROL, HERVE, MONIQUE, et tous les autres , je vous invite à y réfléchir. Ouvrir grandes les portes de l'éducation et de l'école à TOUS les enfants d'un pays, c'est aussi leur apporter leur libre arbitre !

Entre autres, chère mère, je te promets ! Il y a de tes fils qui partagent tes lamentations. Il y a de tes fils qui bravent l'iniquité de leurs frères pour protéger l'enceinte de ton sacre. Je te promets, chère mère, dans un temps très proche, ils retourneront à tes pieds à fin que tu puisses les pardonner de leurs traitrises vis-à-vis toi et vis-à-vis leurs frères.

Hervé Fanini-Lemoine

-6-

NE M'APPELLEZ PLUS JAMAIS HAITI

Les Haïtiens m'ont laissée tomber depuis deux cents ans. En 1804 j'étais un géant, j'étais aussi forte que l'Europe d'antan.

J'étais l'aboutissement du rêve de millions d'hommes de seconde classe et de race. Deux ans après, 1806, Vertières n'est plus, le colon revient : Bruno Blanchet me préside.

Mes fils me consomment en demi-tasse : dettes, dictatures, anarchismes, populismes et aides.

De révolution en révolution, de coup d'État en coup d'État, d'élections en élections mon corps s'abime et il se vide de son sang.

Dessalines doit se retourner dans sa tombe devant ces petits fils qui me tètent à tue-tête. Lui qui rêvait d'égalité entre mes fils, lui qui voulait que je sois respectée et redoutée. Il doit être amer devant ces costards, ces grosses jeeps, ces dollars et les résultats fabriqués des élections de ces chefs légitimes.

Cité Soleil, Raboteau, Nan Savane, les Irois, les Kokorat et ceux d'en bas n'auront jamais leur part !

Ces damnés n'ont pas vu où sont passés les chemins de l'espoir, les promesses d'Acaau, du manifeste de Praslin et celles de Saint-Jean Bosco.

Ils espèrent tous voir la sortie de cet enfer que je suis, ils élisent, la crise s'enlise, et la crasse s'aiguise.

Je succombe à l'évolutionnisme de la mère scorpion, crevée pour que vivent mes petits.

Je suis un mort-vivant : mes arbres sont calcinés dans la cuisine de mes fils affamés et inconstants, mes rivières sont asséchées, la mer qui m'entoure est vide, mes trottoirs sont des marchés publics. Je suis désabusée !

Je ne suis plus Haïti, je ne suis que le modèle parfait de la misère et de la crasse, le lieu où les autres viennent déverser leur pitié et leur humanisme pour avoir bonne conscience.

Je suis un pot de terre contre le glaive de mes fils de droite, de gauche et ceux d'aucun camp : mes éternels marrons, ils ont des amis des deux côtés et leur victoire est assurée !

Pour mes messies, mes leaders charismatiques, mes révolutionnaires, mes nationalistes et mes anti-bourgeois il y a eu le sacre. Et pour moi toujours le massacre dans leurs entreprises de démolition.

La peur m'empoisonne : quel sera cette année mon rang dans l'IDH, le RNB/hab et l'IPE ?

Christophe doit tomber de haut dans son éternité, doit se sentir humilié devant ces fils ratés.

Fallait-il faire la Ravine à couleuvres, la Butte-Charrier et Vertières pour aboutir à ma déchéance ?

Mes premiers fils ont fait la Citadelle et mes derniers font Cité l'Éternel et Jalousie

mes premiers ont cassé l'esclavage et le colonialisme mes derniers cassent mon prestige et mon honneur. Ils se font mendiants et assistés.

Enfants de malheur, oh ,je suis la pute et ils sont mes fils. Eh oui !! Ces fils de p...s......

Ce n'est pas les deux cents ans qui m'abusent, mais ces fils incestueux qui m'infectent

Ils étaient là au Pont-Rouge, en 1825, en 1914, en 1950, en 1957, en 1994 et en 2006.

Mes premiers fils ont fait le Bois-Caïman et la Ravine à Couleuvres, mes derniers font le Bwa Bande, le Kanpe Kin'n et le Gren'n pwa

Ils m'ont imposé Soulouque, Tonton Nord, les Zinglins, les RPK et les Tontons Macoutes en mariage au lieu de Firmin et du progrès en concubinage. Oh ces fils de p... !

Ils m'imposent les plus incultes sous couvert de pouvoir au plus nombreux, oh fils pourris qui salissent mes entrailles !

Ils m'appellent Perle des Antilles... Ah, mes fils font encore leur besoin dans des bocaux, des sachets, des canettes et à l'air libre. Ils se foutent de moi ces négrillons !!

Première république noire, eh oui, je l'étais en 1804. Cela se mérite. Mais je ne suis plus que l'ombre de moi-même. Et depuis, mes fils chéris, qu'avez-vous fait ? Canaille et racaille ! Je plains vos slogans creux et hypocrites.

J'aurais du être moins chrétienne en faisant neuf millions d'avortements, je n'aurais eu aucun de ces marrons comme fils. Tonnerre.... J'ai bien compté, mais *mal kalkile*

Antenor Firmin a fini par avoir raison : « *mêmes les cochons s'ils le pouvaient me quitteraient.......* »

Quand on sait quel est le prix d'un parlementaire, combien il coûte, en ressources financières (mon sang !, mes sueurs !) Faudrait-il m'imposer ces K2, ces C2, ces J3 ? J'en meurs.

Je meurs de ces soulouqueries, de ces droites-Gauches et que sais-je. Qu'est-ce qu'ils prévalent ?

Je suis en lambeaux, mes fils n'ont aucune honte, ils ne se culpabilisent pas. Sacrés éhontés !!

Des nuages noirs qui viennent de Solino et de La Saline, de Fond-Verretes, des Gonaïves et de Gran Ravine colorent mon visage.

J'ai honte de moi. Qu'une puissance nucléaire ait le courage d'accélérer mon naufrage et d'abréger ma souffrance !

Je veux rejoindre l'Atlantide et m'offrir aux archéologues au lieu de rester encrassée, violée, édentée, pointée du doigt par nos voisins et nos lointains et salie sous les pieds de mes foutus fils.

De 1806 à 2010, le temps s'est écoulé, il a passé pour rien. Rien n'a changé pour moi. Finissons-en !

Ah, vous voulez reconstruire ! Reconstruire ma laideur, ma crasse, mon visage ridé, mon estomac vide, mon sang infecté et mon anarchie ! Votre proposition est indécente !

Ne m'appelez plus Haïti !! C'est ma dernière volonté

TAREM Pierre Seroj
Un de mes fils adoptifs

R J
La proposition peut devenir décente en la reconstruisant à lui redonner sa beauté, à enlever sa crasse, adoucir son visage ride, à remplir son estomac vide, à purifier son sang infecté, et à éliminer son anarchie. Si cela peut se faire, elle ne peut pas disparaitre ; et elle gardera son nom. Ne désespérez pas !

H F-L
Que devrais-je ajouter ma chère mère, ... laisse moi voir .... je réfléchis .... oui, voilà ... tu as parfaitement raison ma chère mère; mes frères sont trop pauvres d'esprit pour comprendre tes lamentations. Ils n'ont plus d'âmes et leurs esprits blanchis ne peuvent plus recevoir les doux rayons de ton revers. Entre autres, chère mère, je te promets ! Il y a de tes fils qui partagent tes lamentations. Il y a de tes fils qui bravent l'iniquité de leurs frères pour protéger l'enceinte de ton sacre. Je te promets cher mère, dans un temps très proche, ils retourneront à tes pieds à fin que tu puisses les pardonner de leurs traitrises vis-à-vis toi et vis-à-vis leurs frères.

Chère mère « Aïa », « Ti » est ta demeure ; tu es le « Ku » de la semence et de la récolte ; tu es le « Ishi » de l'humanité ; le « Ku » de la fécondation. Tu es Quisqueya (Ku-Ish-Ku-Eya), la Mère des Terres, Mère des Civilisations !

Oh, je t'implore, chère mère ! Et, c'est sur cette terre que tu te dévoileras à nouveau. Là, où tu seras finalement revêtue de ton « Lapis Lazuli » pour te rasseoir sur ton trône. Le jour approche, chère mère ; ne te décourage pas, surtout pas !

R J
Quelle belle imploration ; impressionnée !

M J

On se sent si coupable qu'on n'a même pas l'audace de commenter. Votre imploration Monsieur LEMOINE est comme un baume sur cette plaie ouverte dans nos cœurs parce que notre MÈRE NOUS REFUSE LE DROIT DE L'APPELLER HAÏTI !

H F-L

N'empêche que, une mère, restera toujours une Mère: pardonnant, oubliant !

M J R

Il faut espérer contre toute espérance qu'Haïti se relèvera bientôt de ses décombres et son nouveau visage rayonnera à travers le monde, car ses fils ne l'auront pas abandonné à jamais. Ayons confiance !

R J

En effet, c'est pourquoi la dernière volonté de l'auteur n'arrivera jamais. Haïti sera toujours Haïti, *peyi pi bèl avèk pitit li.*

C E D

Tous les pays du monde ont connu « leurs traversées du désert » ; c'est le tour de notre mère patrie. Il nous faut l'aider à sortir de ce marasme. Les gens de bien, les Haïtiens authentiques, les intellectuels ne peuvent plus rester les bras croisés, à assister à la dérive de la barque nationale. Il nous faut un grand *kombitt* pour aider notre pays à sortir de cette impasse. Espérons qu'un jour tout ceci sera de l'histoire ancienne et que Haïti retrouvera sa beauté et son charme unique.

N T W

Elle a raison. Elle pleure ; des larmes de sang ont coulé sur son visage meurtri par la douleur que lui ont infligée certains de ses enfants corrompus. Cette belle femme qui était d'une élégance incomparable a été dépouillée de tout. Oh oui, croyez moi ! Son fameux collier de perles a disparu et malgré tout, elle résiste encore. Elle attend beaucoup de ses enfants pour reprendre force. Un vibrant appel à l'unisson serait nécessaire afin d'aider notre mère patrie à panser ses blessures.

F C
Je l'ai lu Hervé, Magnifique. Mais en lisant ton commentaire j'ai tremblé à cet hommage à notre Mère Terre. MERCI.
Oui, Elle se relèvera bien plus Belle qu'elle ne l'a jamais été. Fraternellement !

P P
Lorsqu'une mère s'abandonne à son chagrin, l'instinct de ses enfants devrait être de se « rassembler » autour d'elle, de manière à l'aider à voir que le soleil peut encore « briller ! »

L B
Texte émouvant qui charrie les complaintes d'une mère à l'agonie ! Mais je ne partage pas du tout la fatalité de la fin ou Ayiti devrait rejoindre l'Atlantide. Nous avons le devoir d'y croire tout en multipliant nos efforts. Il n'ya pas une fatalité inhérente à Ayiti. Nous devons nous accepter tel que nous sommes et nous mettre ensemble pour aller de l'avant.

F C
Merci L B.
Pour ceux qui se disent « religieux », la religion « Amour » n'est accessible qu'à ceux qui savent penser et choisir par eux-mêmes. Pour ceux qui ne sont pas encore prêts, ceux qui se nourrissent des pensées unilatérales destinées à l'adulation d'un peuple au détriment d'un autre, il leur faut questionner les choses comme il convient. Il est évident qu'une culture dominante établira son autorité sur les autres jusqu'à sa chute ; et ceci, par tous les moyens possibles, jusqu'à l'émergence d'une autre.

La connaissance diffère beaucoup de la raison, car celle-ci atteint aux choses qui s'élèvent au-dessus d'elle, mais la connaissance est le but de la raison […] Hermès.

DEFINIR HAITI - BOHIO – QUISQUEYA

Lorsque l'Haïtien comprendra que Quisqueya (Ku-Ish-Ku-Eya) est sa demeure -Bojio, Aïa (Ai) se réveillera sur sa Terre (Ti) –
Quisqueya (Ku-Ish-Ku-Eya) = Mère des Terres - Mère des Civilisations –
Bojio/Bohio-, lakay mwen –
Aïa (Eya) = Aï, Aïa (Eya) -la grande déesse des temps, reine du ciel et de la terre -Ti, en Taïno, signifie « grand Esprit », lieu ou demeure.

L B
Konnen tèt ou, konnen saw ye, konnen kote w soti, wap konsyan de kisaw ka fè!

R J-B
Merci Hervé d'avoir partagé cette très belle définition de tant de mots qui sont souvent mal compris par nous, haïtiens, héritier de cette chère terre, la terre d'Aïa.

O L J
Très compliquée Hervé, à la fin, cela veut dire quoi? Je vois que tu as gardé ton hilarante photo profile. lol

H F-L
@ Gina - Dans les temps précédant l'Histoire Classique - 5000 ans environ-, le roi ne régnait pas. Il s'agissait d'un roi de consorts que la reine, avatar de la déesse, choisissait à environ une fois par an. Ce n'est qu'en patriarcat, à partir de Gilgamesh, à Sumer (la Mésopotamie d'aujourd'hui) -3000 A.J-C., environ-, que le roi devient régnant.

Pour plus d'info, Face à Face autour de l'Identité Haïtienne - page 86

@ O Ludmilla - Je ne comprends pas la question.

La problématique de l'éducation s'est toujours posée chez nous parce qu'il n'y a jamais eu de réelle volonté politique d'instruire les masses, et le complot permanent contre les intellectuels depuis l'aube de notre histoire fait aussi partie de cette stratégie de ne pas instruire l'homme de la rue.

Alphonse Piard Jr

-7-

L'EDUCATEUR DE DEMAIN

Au 21e siècle, l'enseignement et l'instruction sont un passage obligé pour gravir les échelons de la connais-sance. Un changement sans précédent se déroule sous nos yeux et l'éducation, empreinte d'inspiration et d'espoir, doit être envisagée sous un nouvel angle. Cette éducation doit être basée sur la connaissance et non sur la culture du plus fort comme cela a eu lieu jusqu'à présent.

La vision collective doit être modifiée et la connaissance individuelle adaptée en vue d'un affranchissement personel; d'où la nécessité de préparer nos éducateurs pour que, à leur tour, ils puissent mettre l'accent sur la préparation des plus jeunes, les adultes de demain. Il faut donc reconsidérer les principes établis et porter les ajustements nécessaires à cette fin.

Le remaniement des structures sociales et le développement personnel sont désormais un devoir pour tous ceux qui veulent se réconcilier avec eux-mêmes et avec les autres.

Il est nécessaire d'envisager une nature humaine différente. Chacun doit être guidé et accompagné dans une démarche de paix et de discipline intérieures afin d'exercer la pratique de la tolérance, de la patience et de la responsabilité.

Chacun doit pouvoir retrouver son identité pour être à même de choisir le mécanisme qui mènera à la maturité dans le respect de sa véritable essence. Avec sagesse et amour, on sera entraîné à devenir responsable, respectueux et plein de ressources.

La rupture du paradigme ancien devrait signifier la réévaluation de la signification même, des buts et du rôle de l'éducation de manière à changer la vision ultime de l'être.

Le rôle de l'éducateur ne consistera plus dans la transmission des valeurs établies, mais dans la propagation de la sagesse et de la connaissance. Il découvrira la vérité et deviendra un guide à son tour ; car la connaissance et la sagesse se transmettent d'une génération à l'autre. Il faudra partir à la découverte de soi et être responsable l'un envers l'autre.

J'imagine l'Haïti du 21e siècle comme un endroit où chacun apprendra à découvrir ses compétences et ses aptitudes et non à acquérir une mémoire excessive.

Le jour est proche où les dirigeants gouvernementaux, les différentes élites et toutes les couches populaires s'affirmeront et prendront la Nation en charge. Hommes et femmes du pays seront guidés avec honnêteté et fierté et constitueront eux-mêmes, demain, pour les enfants, des modèles dignes des valeurs humaines.

En cette ère nouvelle où l'imagination, l'intégrité et le sens des responsabilités doivent être au cœur de toutes les préoccupations, l'éducateur se doit d'être un humain intègre et conséquent qui manifeste l'amour par le don inconditionnel de soi, sans imposer ni dicter une croyance ou une idéologie. De ce fait, il sera capable de se dédier, corps et âme, à l'émancipation de ceux qui sont appelés à devenir les citoyens de demain.

Dans ce millénaire où toute valeur semble disparaître, la culture sera le point de repère des groupes sociaux. En participant à ce renouveau, on contribuera au bonheur des fils et des filles de la Nation et à celui de l'humanité tout entière.

Il importe de comprendre la véritable histoire de l'humanité, particulièrement l'histoire et la culture haïtiennes, pour effacer la confusion qui a été créée.

Il faut aussi comprendre le déploiement de ce courant de pensée qui a servi jusqu'à aujourd'hui au déracinement et à l'effacement d'une mémoire haïtienne. Car cette exaltation qu'a connue la pensée n'a pas été sans péril.

Me positionnant en observateur concerné et ayant perçu l'obligation de participer à ce renouveau, mon apport ici n'est pas celui de l'expert et se veut des plus réservés. Aux techniciens, scientistes et politiciens, il revient désormais la charge de marcher dans le sens du progrès spirituel à la recherche d'un but unique : l'harmonie et la paix pour tous.

Hervé Fanini-Lemoine
« Face à Face autour de l'Identité Haïtienne »

A V
J'ajouterai, comme le disait Jacques Salomé, « Une école de parentalité ! » Merci Hervé

G E D
Que dire si ce n'est que notre souhait pour chaque citoyen de notre pays.

Après le chaos du 12 janvier 2010, il est maintenant nécessaire d'avoir des leaders capables de mener un grand nombre à prendre conscience de leur citoyenneté et du rôle déterminant de chacun en vue d'un renouveau devient primordial !

Nous devons tout de même nous rappeler qu'une fois ce processus entamé, les résultats ne seront visibles qu'à moyen ou long terme.

H F-L
Il s'agit d'un casse-tête sur la rééducation des éducateurs, des élites et des dirigeants !

M J
Monsieur Lemoine, je suis complètement d'accord avec vous; l'éducateur doit être une personne intègre. Personne ne devrait imposer sa croyance, mais d'agir comme guides afin d'amener les éducateurs de demain dans le vrai chemin. Vous avez aussi mentionné que la sagesse est aussi un outil essentiel que nos éducateurs doivent utiliser afin d'aider les jeunes femmes et les

jeunes hom-mes qui seront nos futurs politiciens et gouverneurs. Monsieur, j'aime et j'apprécie vos pensées.

A P Jr

Il faudra avant tout, former ces futurs éducateurs. Finalement, tout se résume à une question de révision de notre système éducatif pour mettre en valeur l'individu comme contributeur au bien-être général. Un système éducatif qui prônerait une dévotion à la Nation et le respect des grands principes universels. Un système éducatif qui enseignerait la tolérance et l'inclusion. En d'autres termes, un système éducatif qui nous permettrait d'entrer dans la modernité.

Hervé, sais-tu que je suis persuadé que si nous réduisons notre taux d'analphabétisme à 5% ou 10%, ces objectifs seront à portée de la main. Les campagnes de sensibilisation ont une meilleure chance de réussir parce que l'individu lettré aura accès à l'info directement.

H F-L

Avè w map mache Jr., entièrement d'accord!

E S V

L'éducation est un point très important pour chaque individu en particulier, et pour un peuple en général. L'éducation est la clef pour aller vers l'avant avec l'évolution du monde entier. Il y a aussi d'une part un leader né. Il n'est pas n'importe qui. On peut être bien éduqué et aussi bien préparé que tous les leaders au monde et ne peut gérer une nation. Il y a des leaders nés et des leaders voulus parce que je possède plus, ou autres, avec leur éducation peuvent gérer une nation fausse.

Pour l'avancement d'un pays, on a besoin de tous : les intellects, les moins intellects, les riches, les pauvres, les vieux, les jeunes ; une collection d'idées est aussi très importante, etc. Il faut être aussi conscient de nos problèmes. Dans nos cas, il faut aller à la source ou remanier les racines pour arriver à leur production. Il n'y a pas de ciel sans les étoiles de même de mer sans l'eau. Tout comme il n'y a pas de paix sans l'harmonie. Merci Hervé, un beau texte.

M J

Monsieur Lemoine, je crois fermement que votre apport concernant l'éducateur de demain constitue une base de travail et de discussions autour du renouveau de l'éducation en Haïti au 21e siècle. Vous dites que votre apport n'est pas celui d'un expert. Je me vois obliger de vous contredire et je vous prie de me pardonner, car chaque paragraphe de cette étude constitue à lui seul une thèse de techniciens, de politiciens et de scientistes qui pourront se pencher sur la recherche de « l'harmonie et de la paix pour tous. »

A P Jr

@ Danielle:
Excuse cette longue tirade, mais je pense qu'elle est nécessaire.

Je crois qu'il faut faire la différence entre ce que nous, dans la diaspora, aimerions voir se faire en Haïti et la réalité politique et socio historique de notre pays. La problématique de l'éducation s'est toujours posée chez nous parce qu'il n'y a jamais eu de réelle volonté politique d'instruire les masses, et le complot permanent contre les intellectuels depuis l'aube de notre histoire fait aussi partie de cette stratégie de ne pas instruire l'homme de la rue. Il faut pointer du doigt les intellectuels, ces brebis galeuses qui ne servent à rien.

De Louis Joseph Janvier, en passant par Jacques Roumain, Jacques Stephen Alexis, et plus près de nous René Dépestre, Lesly Manigat, Dany Laferrière, Frank Etienne, pour ne citer que ceux-là, nous avons vu se succéder en Haïti toute une série d'évènements qui traduisent une volonté politique systématique d'écarter et d'exclure les gens d'un certain savoir des arènes du pouvoir, alors qu'ils sont adulés à l'extérieur du pays. Cela me fait rire quand on parle du rôle négatif des intellectuels dans ce pays. C'est très paradoxal parce que les intellectuels ont rarement occupé la présidence dans notre pays et leurs actions sont toujours sévèrement sanctionnées par les gouvernements en place : emprisonnements, bastonnades, assassinats, etc.

C'est une réaction défensive qui prend sa source dans l'idée de pérenniser la conservation du pouvoir par des groupes d'illettrés conscients de cette faiblesse séculaire. Cette prise en otage qui fait assimiler l'état à un groupe d'individus a vu le jour depuis l'assassinat de Dessalines. Nous avons vu à ramassis d'incompétents, d'ignorants se succéder à la tête de ce pays dans des bains de sang, des luttes de gangs, des histoires de vendetta, etc. Ces groupes n'ont jamais pu solidifier nos institutions (le but n'a jamais été de le faire d'ailleurs) et l'éducation des masses a toujours été le cadet de leur souci d'autant plus qu'ils n'avaient pas la compétence pour le faire non plus.

Quant à la question sur le « modus operandi » de ma première intervention, je n'ai pas la réponse ; car notre système éducatif a produit toute une série d' « analphabètes fonctionnels » (j'inclus dans ce groupe la plupart de nos scolarisés) qui sont prêts à tout pour assurer la pérennité de ce système désuet, inapproprié et suicidaire, tant qu'ils peuvent tirer leurs marrons du feu. L'avènement du populisme de ces vingt dernières années rend les choses encore plus difficiles parce qu'il ne fait que perpétrer et même renforcer la structure fractionnaire de notre société. Depuis 1986, le fossé n'a pas cessé de se creuser, et les inégalités sociales se sont aggravées. L'idée de prendre l'éducation en main de l'extérieur est la première qui me vient à l'idée.

H F-L
Bravo Jr ; doit au but: « il n'y a jamais eu une réelle volonté politique » !

R J
Je te comprends parce que je partage tes soucis. Il faudrait une rééducation complète d'abord en tant qu'individu puis en tant que citoyen.

H F-L
En effet Alphonse !

A P Jr
@ Hervé:
Tout à fait, mon cher ami; et l'explication est simple. Si tout le monde est instruit, on ne pourra plus faire avaler n'importe quoi à ce peuple. Il pourra mieux s'organiser et œuvrer à l'avènement de ce futur dont tu parles. Ce serait la fin de ce complot séculaire contre le savoir et le modernisme. Il va sans dire que des réformes majeures, au préalable, seront nécessaires dans notre système éducatif afin d'amorcer cette renaissance de l'homme haïtien dont tu dresses si bien le portrait dans ton article. C'est pour cette raison que je parle d'une solution pour l'éducation de l'extérieur.
Oh ! J'allais oublier. C'est super d'avoir amené ce sujet qui génère des réflexions de ce genre. Chapeau!

R G
L'éducateur de demain est une idée d'autant plus féconde qu'elle met en cause le système éducationnel qui la forme. Car, l'affirmation de l'homme social citoyen et sa citoyenneté passent d'abord par la reconnaissance de son existence sociale et civique. D'où la nécessité absolue d'un enseignement national reflétant la réalité du pays. La bonne formation d'un citoyen crée le bonheur immédiat, et est une gageure pour l'épanouissement de l'humanité.

J R A
Un général américain auquel on avait recommandé d'être plus exigeant quant à l'éducation des recrutés répondit à son supérieur : mon commandant si les soldats sont édu-

qués, qui va mourir pour la patrie ? Honni, qui mal y pense ! Car ceci n'a rien à voir avec cela.

C B
En résumé, tout cela est une question de contrôle du contrôlant par le contrôlé.

A P Jr
Tout à fait Céline

J R A
Il ne reste plus rien à ajouter. Une joie totale envahit tout mon être en voyant que nous avons encore un penseur du niveau de monsieur Lemoine. Grenadiers à l'assaut *sa qui mouri zafè a yo.*
J'ai puisé une nouvelle énergie dans cette lecture. MERCI!

P R C
Il s'agit là de l'avant-propos de votre magnifique livre Hervé. J'apprécie tout particulièrement l'une des dernières sections LES LOAS DANS LE VODOU. C'est en plus un livre qui regorge de plusieurs références, donc vraiment un outil essentiel pour la compréhension de la culture haïtienne.
Merci beaucoup.

H F-L
Merci Mr Ambroise.
Anne, tu sembles avoir terminé la lecture de Face à Face; j'espère avoir pu éclaircir un peu quelques mystères qui enveloppent l'évolution et la compréhension de ma culture.

J M A
Je dis souvent que cette tâche n'était pas aussi difficile si seulement on pensait à faire de chaque Chantoutou une petite éducatrice de la grande Saintanise. Alors la classe

moyenne noire et mulâtre et les ramassis intellectuels ont eux aussi raté le train du bien faire.

Gardons l'idée que le pessimiste dit souvent que le temps perdu ne se rattrape pas ; ouais, l'optimiste nourrit l'aphorisme qu'il n'est jamais trop tard pour rehausser et investir dans l'humain. Cessons ce palabre et passons à l'action. Merci pour l'opportunité qui m'est offerte.

H F-L
Action: suggestions?

J M A
Retournons au bercail à l'instar de plus d'une de mes connaissances. Les déshérités ont grandement besoin de nous, spécifiquement dans les provinces. Déclenchons-nous un programme d'alphabétisation et soyons utiles à la patrie.

A plus tard, pour plus de détails.

K Et J
L'éducation de la jeunesse d'un pays est la garantie la plus sure pour sa postérité. Non seulement, notre chère patrie, Haïti, à besoin de très bons ouvriers, mais certainement d'étoffe de qualité.

Je croyais que la classe intellectuelle aurait compris pour une fois, l'opportunité inouïe que la mère Nature lui avait offerte pour réaliser de deux pierres un coup solide; à savoir: 1) le désastre provoqué par le tremblement de terre et, 2) la fin du mandat présidentiel
Eddy Garnier

-8-

IMAGINAIRE INTELLECTUEL

Wyclef Jean de A à Z

C'est à coup sûr une belle science que tu possèdes là, s'il est vrai que tu la possèdes, car je ne te cacherai pas ma façon de penser. Je ne croyais pas, Protagoras, qu'on pût enseigner cette science ; mais puisque tu le dis, il faut bien que je te croie. [...] (Protagoras, 319 b et suivants).

[...] E- Mon intérêt ici se limite essentiellement à comprendre le lever de bouclier qui s'est hué sur la personne du chanteur de hip hop Wyclef Jean [...] expliquant son « incompétence » à briguer la présidence d'Haïti par son faible degré de scolarité [...]

I- [...] Hegel a déjà répondu : l'Afrique proprement dite, écrit-il, « n'est pas intéressant du point de vue de sa propre histoire, mais par le fait que nous voyons l'homme dans un état de barbarie et de sauvagerie qui l'empêche encore de faire partie intégrante de la civilisation »

J- [...] Comme nous le rappelle Walter D. Mignolo, professeur à l'Université de Duke, aux EUA, « la hiérarchie dépend de celui qui est en position de pouvoir décider le modèle et d'où l'on se situe par rapport à elle. » [...]

K- À partir de cette hiérarchisation du monde, les Européens se sont sentis investis de la mission de conquérir le monde et d'y introduire le colonialisme [...] Lander remarque à propos qu' « Avec le début du colonialisme en Amérique commence non seulement l'organisation coloniale du monde, mais – en même temps – la constitution coloniale des savoirs, des langues, de la mémoire et de l'imaginaire ».

L- [...] Rappelons avec Christopher A. Bayly, professeur d'histoire et spécialiste de la colonisation à l'Université de Cambridge, que « les Européens devinrent rapidement les meilleurs dès lorsqu'il s'agissait de tuer » [...]

N- Le français n'étant pas un moyen de communication, mais un signe de distinction en Haïti [...] Or, chez nous, on doit nécessairement parler français – de préférence comme une grammaire.

P- On ne peut pas laisser passer ce dernier point sur le créole. Ce n'est pas que Monsieur ne parle pas créole : c'est que son créole subit plus l'influence de l'anglais. C'est-à-dire, il ne parle pas le *créole dyòl pwenti* mal nommé créole francisé qui, en réalité, est du français créolisé. [...]

Franck Seguy

O L J
J'ai définitivement compris qu'Haïti soit le seul pays au monde à n'avoir qu'une classe sociale active. LE LUPEM. Et nous le regardons avec des yeux bourgeois.
HAÏTI EST LE LUPEM ET LE RESTE, des vermines qui goutent à tout ce qui pue et sent mauvais : l'ARGENT

H F-L
oo Olga - M sezi!

A P Jr
Olga move tout bon RV...
Brillant Frank! Il ne m'est jamais venu à l'idée de remonter aussi loin pour comprendre l'attitude des scolarisés de notre pays. J'aime le concept du « Syndrome de Prince auto-dominé » qui semble scier à merveille nos générations de scolarisées qui se prennent pour des gens supérieurs et se servent de la langue française comme un

instrument d'hégémonie culturelle et de domination linguistique.
Brillant cher ami ; brillant !

M V-R
Je crois que l'extrapolation des langues soit VRAIMENT EXTRÊME... la mesure est inexistante.

O L J
La bourgeoisie haïtienne est composée de spéculateurs et commerçants venus d'ailleurs. Leur unique stratégie est de faire de l'argent. Ils n'ont même pas su faire de leur aréna (le bord de mer) un endroit décent où il fait plaisir d'aller faire des achats.

L'argent et le gouvernement des Duvalier leur a permis de gravir les échelons, mais au fait, ils ne sont pas si différents des masses populaires.

Les éduqués de différentes souches de la classe moyenne sont prises en sandwich entre les deux. Ils sont devenus de beaux parleurs qui évoluent à travers ces Bourgeois chez qui ils font les conversations et sont payés par les gouvernements pour écrire leur discours. Ils n'ont pas pu s'affirmer économiquement et sont jusqu'à présent les vraies victimes.

Aujourd'hui on les trouve un peu partout éparpillés à travers le monde. Les membres de la classe moyenne haïtienne ont fait partie de l'exode moderne.

E G
S'il faut que je fasse un commentaire, je redirai qu'Haïti n'a pas besoin d'un président dans le moment présent.

Je croyais que la classe intellectuelle aurait compris pour une fois, l'opportunité inouïe que la mère Nature lui avait offerte pour réaliser de deux pierres un coup solide; à savoir: 1) le désastre provoqué par le tremblement de terre et de 2) la fin du mandat présidentiel.

L'élite intellectuelle devrait profiter de ce moment pour faire valoir que, n'étant pas prête pour l'exercice politique suite à l'effritement du système social par les séquelles coloniales et des occupations étrangères, Haïti devrait être en état d'urgence. Cette dite élite devrait se concentrer pour créer un comité central de gestion de crises sociale, politique, institutionnelle, organisationnelle et politique (formés d'experts) avec des programmes bien précis (routes, irrigation, ponts, électricité, reboisement, planification urbaine, règlements municipaux, création de police ou d'armée communautaire pour aider à la mise en œuvre des programmes, un budget, bonne allocation des fonds, un système de contrôle et d'ajustement, des sous-comités en région et des échéanciers. La refonte de la constitution avec l'aide d'experts en matière constitutionnelle. Une fois toutes ces infrastructures établies, on pourrait penser aux élections. Ceci s'appellerait VIVRE LE MOMENT PRÉSENT !

À continuer à parler de LUPEN, de bourgeoisie, de Socrate, d'Athènes, ne mènera pas vraiment très loin.

Le texte de Franckseguy est excellent, bien construit et rigide. Je suis parfaitement en accord avec lui, mais je crois que ce dont nous avons besoin c'est de l'action concrète. Malgré ces théories, Athènes est devenue la capitale la plus polluée de l'Europe et ceci, malgré Socrate, Platon etc. Des gratte-ciels ont poussé partout en Grèce pendant que la campagne demeure au stade médiéval avec ses ânes et ses corridors. Ils ont amené leurs passés avec eux en le vivant et en le transformant. Mais nous nous arrêtons sur notre passé en nous accusant sans savoir qui nous ne sommes, ni de qui nous ne venons. Quel grand malheur.

Le pire, c'est que je ne veux accuser personne. Personne n'a ni tort ni raison. Sauf moi qui devrais me taire. Mais c'est plus fort pour moi. Faites quelque chose en vous-mêmes. Le pays n'a pas besoin d'un président tout de suite. C'est du faux orgueil. Le blanc se fiche pas mal des incompétents ; il en rit à tue-tête.

Si un nouveau gouvernement est formé, la roue de l'incompétence va recommencer à accoucheur des chamailles en Chambre ; la Constitution dit ceci, la Constitution défend cela, voici ça, il faut voter, lutte d'influence, etc.

ANMWÉÉÉÉÉÉÉÉÉÉÉÉÉÉÉÉÉÉÉÉÉÉÉÉÉÉÉÉ

Bondye, venez à notre secours. Le pays n'a pas besoin d'un président tout de suite.

H F-L

Bravo Eddy, *Dlo koule lan dyol mwen*! Il y a toujours moyen d'ajouter quelques mots; si je le faisais, ce serait pour emprunter de ton réservoir et de celui de Frank. Encore une fois, *bèl rale* !

F B A

Selon les apparences, on dirait que Mr Préval serait en train de se préparer à nous « Poutiner », pour se maintenir au pouvoir.

H F-L

Rien d'étonnant Florence !

R S M

@ Florence et Hervé - Il faut rire. Nous sommes des imbéciles et Préval un super intelligent. Souvenez-vousen. Duvalier le terrible avec ses Makouts, son Armée, sa police et ses partisans a connu tellement d'attentats.

Aristide l'intrépide a connu la foudre de la population, Cédras et autre puis les Américains. Il a eu peur pour sa vie quand même.

Pourtant Préval dans son laxisme avec son *bweson* sans garde de sécurité il est là jouant ses flutes, comme bon lui semble. Nous, on se plaint. Ce n'est pas croyable !

Mais quand on a le cancer dans un organe mortel, on procède tout de suite à l'ablation ; et nous avons tellement de médecins chirurgiens qui ont faim !

Ala détraka !

F B A

On nous blâme de ne pas pouvoir sortir de notre trou, nous rappelant toujours que nous vivons dans le pays le plus pauvre du monde. Oui, mais comment remonter le courant si on tombe toujours victime de tous? L'argent que l'on reçoit pour les sans-abris va enrichir nos politiciens.

Jusqu'à quel point devrions-nous continuer à compter sur la communauté internationale pour nous protéger des nôtres?

P S

Rien dans la scène de la politique haïtienne n'est vraiment ce qu'il semble. En outre, *nou antann nou pi byen* dans des réseaux sociaux *ke nou vle ou byen eseye* FACE-A-FACE. Il est temps de développer une mentalité optimiste. Soyons proactifs avec les décisions et les commen-taires, non point réactifs et négatifs ?

RS M

Compte sur toi-même et pas sur les autres. Tu n'es pas un mendiant dans l'âme. Ventre affamé n'a point d'honneur.

Tout bèt jennen MÒDE ! C'est la loi des conséquences naturelles. Mais nous les Haïtiens, nous sommes des surnaturels. Les chefs d'État violent les constitutions pour voler, violer, détruire et nous, nous nous entretuons à respecter cette même constitution que lui-même a altéré. Il n'y a jamais eu d'OPPOSITION sauf sur Duvalier. *Rélé sou kò nou* ; nous sommes des soussous! Des capons amorphes.

Rélé sou kò nou mézanmi. Tout tan n ap plenyen plenyen plenyen. Kòooomanman !

@ Sanchez - D'accord - Quelle est ta proposition ?

P S

Devons-nous être les agents du changement en appliquant les vrais principes de changement. Laissez-nous accélérer et maintenir l'élan.

F B A

Ce n'est pas une plainte, mais simplement un échange d'idées. (Hervé, ça, c'est pour toi !) Nous nous savons à une impasse, d'où il nous sera impossible de faire un recul. Je suis sure que ces derniers mois nous ont tous changés. Mais que ferons-nous pour qu'on aille de l'avant? Je connais assez de gens qui sont déjà là-bas et qui font un effort à changer la mentalité du peuple. De différentes façons ; on devra tous y contribuer !

A V

HISTOIRE D'HAÏTI Chapitre I.1

Haïti est, après Cuba, la plus grande des Antilles. Elle est parcourue par quatre chaînes de montagnes dirigées du nord-ouest au sud-est. Ses plaines, couvertes de plantations, sont arrosées par des cours d'eau nombreux et abondants. Ses ornes « aux sommets couronnés de nuages » portent sur leurs flancs des forêts, des champs de café, de maïs et de bananiers.

Haïti, à cause de ses richesses naturelles, de sa fertilité, de la douceur de son climat, de l'incomparable beauté de ses paysages, a mérité d'être appelée la « Perle des Antilles. »

Les premiers Européens qui ont vu notre Haïti étaient des Espagnols, conduits par Christophe Colomb. (Source Histoire d'Haïti, Docteur J.C. Dorsainvil)

G E D

Est-ce une invitation à revenir à la source Aulida? En tout cas merci de revenir à notre histoire. Je suis entièrement d'accord avec EDDY il n'y a rien à ajouter!

C B

Qui va prendre en main la création d'un comité d'urgence ??

L B

J'ai lu avec attention le texte de Franck et je le félicite, car produire de nos jours s'avère une entreprise de plus en plus difficile. Cependant, s'il est vrai que les diplômés ne représentent en rien la compétence, en ce qui a trait à la gestion politique, il n'en demeure pas moins que, le savoir lire et écrire de manière plus ou moins correcte soit nécessaire dans les échanges entre les peuples. C'est grâce à la scolarisation que tu es si éloquent dans ton analyse et tes arguments.

Tes références bibliographiques témoignent d'un niveau de recherche et de documentation que le principal intéressé lui-même n'a pas. Il ne peut ni lire, ni rien comprendre dans ce texte qui le défend pourtant si bien. Il est évident de remettre en question l'eurocentrisme, l'héritage colonial, mais nous pouvons aussi construire notre pays, comme nous le voulons, avec notre SAVOIR.

P G

C'est une société malade. Tout ce tapage qui vise plus à démolir le personnage. Je n'ai jusqu'ici relevé aucun commentaire sur cet animateur qui au carnaval aurait pu choquer un '*Gede*' par ses refrains lubriques, mais qui figure parmi les candidats agréés. Je crois que Frank a tout dit dans son analyse.

Le grand voilier vogue toujours (à interpréter).

R S M

@ Céline - Compliment ! C'est l'idée et la phrase les plus sensées de l'avenir d'Haïti : qui va prendre en main la création d'un comité d'urgence ??

C B
Je voudrais donc que l'on arrête de paraphraser et qu'on se mette au boulot. C'est dans l'action que les choses changent.

H F-L
Un Comité, Céline – « Face à Face » à Bill Clinton et ses « restes-avec » ; on te nomme directrice ! lol

C B
Je crois que je dois être idéaliste, mais j'ai la vision d'Haïtiens qui à tour de rôle se remplacent pour s'entraider, déblayer, s'encourager, etc. Plus de cette pensée magique, qu'un gouvernement peut le faire à leur place ! La notion de gouvernement est abstraite ; il faut des gestes concrets. Le comité, c'est Eddy qui en parlait hier....

O L J
N'avez-vous pas tous compris que Haïti n'est plus aux Haïtiens, pas de comité, pas de beaux discours. Il faudra de très sérieuses négociations, quelque chose comme l'Irak pour nous sortir de cette Mer...

P G
Je l'ai dit : « Le grand voilier vogue toujours. » Il n'y a qu'à repasser l'histoire du Nouveau Monde.
Vous n'êtes pas idéaliste ! Je crois comme vous que notre salut est dans l'action, ce qui n'exclut que l'on doive s'identifier et se regarder en face et identifier son mal.
Il s'agit de s'y mettre et de chercher. Il ou elle doit exister quelque part. D'ailleurs, je mise beaucoup sur nos sœurs.
« Face à Bill Clinton », mon cher Hervé, voir les choses de cette façon c'est s'avouer perdant d'avance. N'ayons pas peur ; il faut trouver une réponse au défi qui nous est posé.

C B

Bill Clinton est là parce que le peuple haïtien dort. Que pourrait-il faire s'il se retrouvait devant une masse d'Haïtiens qui décident de prendre le Taureau par les cornes et de ne plus le laisser faire !

« Le courage est cette qualité supérieure qui nous permet de faire face à un cœur égal aux multiples désagréments de la vie. Aller de l'avant et ne jamais reculer devant les difficultés, voilà le courage véritable. » SANGARE OUMAR.

Le courage ne se définit pas comme une absence de peur, mais, de préférence, quand l'on continue à agir en dépit de sa peur. Le héros a peur, mais il agit quand même. PARADOXE: Plus nous agissons en dépit de la peur, plus la peur diminue et plus nous laissons la peur nous paralyser, plus elle a d'emprise sur nous.

M C

@ Eddy - Vous parlez d'or, Mr. Vous avez évalué la situation et apporté une solution tangible à un problème magistral en quatre paragraphes aisément compris.

J'admire votre sincérité et l'attention que vous avez prise à ne pas confondre le lecteur dans un labyrinthe de dilatoire inutile. Merci pour un exposé à la fois simple et brillant.

P G

Vous avez tout dit Céline. Le sort de notre nation est entre nos mains. A nous de nous ceindre les reins et y faire face, si fort que puisse être l'adversaire. Une ancienne combattante vietnamienne eut à dire dans une interview qu'« *à aucun moment ils n'avaient pensé qu'ils étaient supposés perdre la guerre et ils ne l'ont pas perdue.* »

E G

Merci Maryse et à Céline de me démarginaliser.

C B
Pour moi être marginal est un signe de bonne santé mentale. Être marginal est une prise de position (action) suite à une réflexion sérieuse

C G
J'avais promis de dire ce que je pense de la candidature de Wyclef à la présidence d'Haïti après la décision du CEP. Bien, je pense que cet article « Imaginaire intellectuel et Élection en Haïti » résume pour moi mes sentiments et opinions vis à vis la candidature apparemment éphémère du chanteur.

Wyclef aurait-il été un Lula du Brésil, un Lech Walesa de la Polande qui n'ont jamais été des « diplômés » d'aucune université et qui pourtant ont servi ou servent leurs pays avec professionnalisme et science ? On ne le saura peut-être pas.

De plus, sachez, « intellos », que le Brésil est en passe de devenir sous Lula l'une des puissances mondiales. D'ailleurs c'est ce même Lula du Brésil - l'homme sans diplôme universitaire- qui vous tient sous la corde en Haïti en ce moment même à travers la MINUSTAH. Wyclef aurait-il été un « deuxième Aristide »? Peut-être oui, peut-être non ! Mais je pense qu'un homme dont les avoirs sont estimés à 18 millions de dollars n'est pas stupide, un type qui me rappelle Bill Gates qui lui aussi avait laissé derrière lui les bancs universitaires pour devenir multimilliardaire. Et le monde est plein d'exemples de ce genre. En attendant, grâce à nos « intellos », Haïti marche à grands pas vers les abysses, une marche rétrograde qui a commencé depuis 200 ans en dépit du fait que nous avions eu ces « INTELLOS » tenant les rênes du pouvoir.

Suis-je un wycleftist ? Non, j'essaie de voir le côté pratique des choses, car l'une de mes règles est de ne pas voir les choses en blanc ou en noir !

E G

Ce que je reproche à Carl c'est qu'avec tous ses pouvoirs et moyens de communication, il refuse encore de publier au grand public cette opinion qui peut ouvrir bien des yeux.

Merci Céline, j'apprécie votre marginalité en vous démarginalisant.

C B

Je ne fais que dire ce que je crois au plus profond de moi-même. Je n'ai pas eu vent des habitants des Cayes, de Montrouis, de St-Marc, de Gros-Morne, etc., qui se sont mobilisés et venus aider leurs compatriotes victimes du tremblement de terre, ne serait-ce qu'une journée un mois, deux mois, trois mois plus tard. Ils sont trop occupés à travailler ? Les bourgeois qui ont plus de moyens de transport pourraient s'en servir les fins de semaine pour voyager les Haïtiens qui veulent aider.

Le pays est en situation d'urgence et on attend l'International, un futur gouvernement ; on attend le Messie... Un canal débouché pour empêcher l'eau de déborder, deux rues de nettoyer, etc. serait déjà cela de fait et dans ce coin-là les habitants auraient déjà de meilleures conditions de vie.

M C-E

À mon humble avis, on est en train de s'écarter de plus en plus du vrai problème haïtien. La transformation que nous voulons opérer demeure dans notre mentalité. La cause de la faillite de nos dirigeants n'est pas en fonction de leur capacité intellectuelle, mais plutôt de cet égocentrisme typique qui leur fait oublier leur rôle de SERVITEURS de la nation sitôt arrivés au timon du pouvoir. Ces gouvernants soudainement s'arrogent des droits impériaux. Ils sont maîtres et seigneurs du terroir; fonts à leur guise sans considération de la population; disposent du patrimoine national sans égard de la constitution; le bien-être du peuple qu'ils brandissaient comme un étendard de gloire durant leur candidature est simplement foulé au pied; et la liste des incartades et abus n'en finit pas. L'enfer étant pavé de bonnes intentions, il incombe aux candidats présidentiels de prouver leur bonne foi par la somme de leurs contributions au développement du pays à quelque niveau que ce soit à travers le temps et l'espace.

Haïti, en tant que pays, et la majorité de la population ont assez souffert de la légèreté des électeurs en choisissant leur « *moun pa* » ou ceux qui semblent les plus malléables à leurs intérêts personnels. L'écho de ces « *laissez grennen* » se répète trop souvent à travers notre histoire. AUTANT!!!

E G
Amen, Maryse, Amen !

H F –L
@ Maryse - Amon Ra ! N'était-ce la politique du « Laisser-Faire » du président Alexandre Sabès Pétion?

P G
N'y comptez pas ! Nous n'avons jamais eu ce sentiment d'appartenance. Ce changement de mentalité prendra plusieurs générations.

C B
Bien d'accord avec toi, mais une fois cela dit, il faut commencer quelque part. Il faut reconstruire Port-au-Prince. En agissant différemment, l'on pense différemment et le changement de mentalité s'opère. Ce sentiment d'appartenance vous dites que vous ne l'avez pas. Comment se développe un sentiment d'apparte-nance? En s'impliquant soi-même, en mettant la main à la pâte, en s'entraidant, etc. Vous ne le faites pas, les vautours dansent !!!!!!!!!!

P G
Bien entendu je généralisais, mais je connais des hommes et surtout des femmes qui ont ce sentiment

d'apparte-nance et qui agissent. Toute une éducation est à faire et tu as parfaitement raison elle se fera par l'exemple. Agissons alors ; les vautours iront planer ailleurs.

Honneur à toi

Nous pouvons encore nous attendre à des Aristide et des Préval tant que nous ne mettons pas de côté les séquelles des OCCUPATIONS et surtout de la colonisation (que nous ne cessons de regretter).

Reflet S. Magazine

-9-

LA REVANCHE DES EXCLUS

La perspective de voir arriver au pouvoir en Haïti Wyclef Jean avec son « street English », son créole approximatif, et son français inexistant, affole nos intellectuels et surtout nos leaders politiques qui sentent court-circuités, et même plutôt baisés par un « resquilleur » qui est entré dans l'arène politique en sautant la barrière des conventions établies. Et tout le « Système » se met debout comme un seul homme pour tenter de l'exclure. Pourtant si on vote demain matin, il est probable que Wyclef Jean sera élu président.

Beaucoup se révoltent et pleurnichent de constater que nous pourrons bien avoir un Wyclef Jean à la tête du pays demain. Mais qui se révolte et pleurniche ? La petite, toute petite minorité d'Intellectuels qui parlent bien français, qui ont imposé un créole classique, constipé, garanti *made in Trou-Coucou* pour remplacer le créole que chacun de nous recréait chaque jour à son gré et avec une délectation partagée par tous, la petite minorité dont le rêve secret est de maîtriser le meilleur anglais pour pouvoir aller s'amuser dans la cour des grands. « Tu te rends compte, ma chère » ou bien « Vous vous rendez compte, mon cher, de ce qui nous arrive ? Si ce Wyclef est élu président, quelle langue va-t-il parler à Sarkozy ? Et à l'ONU ? Même pas un bon créole ! Tout juste un *broken English* que Shakespeare répudierait ! Après le tremblement de terre du 12 janvier, il ne nous manquait plus que ça ! La honte, je vous dis, la honte ! Nous allons perdre la face devant le monde entier. » Et le Chœur des Pleureurs et des Pleureuses de verser des torrents de chaudes larmes à travers les colonnes de nos médias.

En attendant le peuple, lui, celui qui a faim et qui est toujours maltraité et qui est exclus de tous les festins où se régalent les Intellectuels et les leaders politiques nous fait comprendre de mille manières que créole, français, anglais ou javanais, il n'en a rien à cirer. Il voit en Wyclef quelqu'un qui lui ressemble, Noir comme lui (même si ce petit détail on n'aime pas beaucoup l'entendre), qui est arrivé à franchir la barricade de la misère, qui peut-être va lui montrer à lui aussi comment la franchir. Wyclef est un Exclu qui est arrivé à s'inclure. S'il entre au Palais National, pense le peuple, nous allons tous entrer avec lui et le Peuple enfin sera au Pouvoir.

La minorité dirigeante se rebiffe:
« Non ! Le pouvoir doit aller aux plus capables ! »
Le Peuple des bidonvilles répond: « Le Pouvoir doit aller au plus grand nombre. Et nous sommes le plus grand nombre. Vive Wyclef ! »

La minorité dirigeante monte sur ses grands chevaux et sur ses ergots : « le pouvoir doit aller à la compétence. Nous sommes les plus compétents ! Fermez vos *djols* ! *Dépi ki leu vagabon te gen la pawòl* ? »

Le Peuple des bidonvilles répond: « Si vraiment le pouvoir doit aller aux plus compétents, les colons étaient plus compétents que vous. Il fallait les laisser. En leur temps Saint-Domingue rapportait 450 millions de francs-or par an. Aujourd'hui avec vous on est très loin du compte. Comment osez-vous parler de compétence après deux siècles d'échec ? La démocratie c'est le pouvoir de la majorité. Nous sommes de beaucoup la majorité. Le pouvoir, nous allons le prendre et le donner à Wyclef ! »

La minorité dirigeante: « Qu'est-ce qu'il ne faut pas entendre ! Heureusement que nous avons la *Minustah* pour tenir en respect ces imbéciles ! Si Wyclef passe, nous l'obligerons à jouer le jeu. Et s'il refuse de jouer le jeu, nous le ferons sauter. »

Dans tout ce brouhaha qui choisirais-je moi-même ? Bien sûr, si j'étais dans le domaine serein de l'absolu, d'abord je ne dirais pas a priori de Wyclef qu'il est incompétent, car la compétence en politique ne se juge pas au nombre des diplômes. Antoine Simon sans diplôme a été un meilleur président que bien de présidents forts instruits qui ont occupé le pouvoir avant et après lui. Mais je donnerais la priorité à des leaders dont je connais la valeur, comme Madame Mirlande Hyppolite Manigat, le Docteur Guy Théodore, l'Ambassadeur Raymond Joseph, ou même Jacques Edouard Alexis bouffé par un système qui lui a enlevé au moins les trois quarts de ses moyens. Oui dans le domaine serein de l'absolu. Mais sur le plancher des vaches où nous nous trouvons aujourd'hui, avec une Tutelle et une occupation dont tout dépend, qu'en est-il ?

Ce qui m'intéresse c'est : lequel de tous ces leaders pourra le mieux « bondir hors du cercle et briser le compas ' ? Le « cercle » c'est le « Système » qui maintient Haïti sous tutelle. Le « compas », ce sont tous ceux sur lesquels repose ce « Système ».

Madame Mirlande Hippolyte Manigat pourra-t-elle réussir la « percée louverturienne » où a échoué Leslie Manigat ? Il nous avait dit pour nous consoler : « Je n'ai pas échoué. J'ai failli réussir. » En attendant, même si « l'audace était belle », je le reconnais, il n'a pas changé notre sort.

Tant que le « Système » de Tutelle sera là, le dirigeant du pays, quel qu'il soit, ne sera au mieux que le « commandeur » moderne d'une masse de simili-esclaves affamés et en guenilles, vivant de la charité internationale. Ne nous rengorgeons pas, c'est la triste vérité.

Je ne crois pas que Wyclef Jean soit conscient que la mission qu'il devrait se donner c'est d'être un Libérateur qui prenne par les cornes le taureau de la Tutelle et fasse tout pour le terrasser. Si les autres le comprennent, s'en donnent-ils les moyens?

Comme c'est le Peuple conscient et organisé qui fera sa propre indépendance, je préconise de quitter Port-au-

Prince et ses pompes et ses œuvres et d'aller donner jarrette au peuple là où il est, dispersé à travers nos communes et nos sections communales. Si tout ce peuple se mettait debout demain matin et plébiscitait son dirigeant sans s'occuper des verrous et des barbelés qu'on a mis autour du pouvoir pour empêcher le peuple d'y entrer, moi je dirais un BRAVO ! Ce serait beaucoup mieux que de reprendre le fusil, ce qui est l'autre volet de l'alternative et qui aujourd'hui de plus en plus nous pend au nez comme un coup de pied au derrière.

Vous voulez le Pouvoir, Messieurs les Intellectuels ? Le pouvoir se prend. C'est ce que vous disent Toussaint et Dessalines. C'est ce que vous dit Washington. C'est ce que vous dit Danton. C'est ce que vous dit Hô-Chi-Minh. C'est ce que vous dit Gandhi. C'est ce que vous dit Mandela. Personne, surtout pas la Minustah, ne va vous l'apporter sur un plateau d'argent.

Le premier ennemi du peuple haïtien, je parle de celui qui croupit dans les bidonvilles, ce n'est d'ailleurs pas la Minustah, car c'est à vous, intellectuels, que la très grande majorité a fait appel aux forces étrangères au lieu de « *take care of your own business* ». Vous avez jusqu'ici tout quémandé, tout mendié même le courage. Le premier ennemi du peuple haïtien n'est pas un Étranger. Ce n'est pas Bill Clinton qui d'ailleurs a dit récemment combien il regrette qu'à cause de vous il se soit mis le doigt dans l'œil jusqu'au coude. Combien d'Étrangers ont littéralement débloqué à cause de vous, à cause, par exemple, de votre charlemagne-péraltisme à la con, puisque quelques semaines après, vous étiez à ramper devant ceux que Charlemagne Péralte combattait.

Celui qui aura le pouvoir demain, le vrai, c'est celui qui sera le plus près du peuple. Je ne sais pas quelle langue il parlera, ni quelle religion il aura, ni s'il aura des diplômes ou pas. Car au fond tout ça, le peuple s'en balance comme de sa première ou dernière *sapate*. Et s'il n'était derrière les verrous de la Minustah, il vous le montrerait demain matin.

Vous appelez ça d'un mot savant « le populisme » et vous en avez peur. Aristide manipulé a manqué le coche. Le prochain ne le manquera pas. Je ne sais si ce sera Wyclef ou un autre candidat qui aura compris que le peuple l'attend là où il est, à savoir dans les « grass-roots », dans les cellules de base du pays. Le jour où un leader aura rejoint le peuple, là où il est, ce jour-là, lui et son équipe seront invincibles. Et Haïti sera enfin sur les rails de son indépendance et de sa prospérité.

Gérard Bissainthe

M C-E
RÉSUMÉ: Ventre creux n'a point d'oreilles ! C'est le problème essentiel de la masse. Donnons-lui à manger d'abord et ensuite elle sera à même d'écouter nos colloques sur le processus électoral. Pour l'instant, le peuple élira le candidat qui, à son avis, basé sur la démagogie des uns et la propagande des autres, lui assurera au moins deux repas par jour.

F M
Et c'est plus que vrai ....

M C P-L
Quelle honte pour les intellectuels haïtiens. L'arrivée de Wyclef Jean sur la scène politique en Haïti est la preuve flagrante de l'inexistence de leadership, de volonté d'aider ce peuple à sortir dans cette situation horrible dans laquelle il se trouve depuis 200 ans. Ils sont plus forts dans les théories que dans la pratique. Shame on them !

M Z
Je suis vraiment fatiguée de cette comédie !.......

E P

Partage, Mimie.

H F-L

Quelle comédie Mireille?

R S M

Je crois qu'il faut se résigner à voir la réalité en face si nous voulons vraiment sortir de là. On se plaint de quelqu'un qui sait quoi faire pour réussir et qui est jeune en plus, et pour une question de *pale franse*, on a oublié que le + PLUS GROS BÊTA de notre histoire présidentielle, est l'actuel chef d'État.

On l'a eu pendant 20 ans continus dans un mutisme robineux et larvaires. REGARDONS-NOUS à présent, et regardons Wycleff où il est rendu !

Je crois que nous ne sommes pas encore prêts pour quoi que ce soit de logique sociale. Nous nous plaisons dans nos rêves de faux bourgeois.

Nous pouvons encore nous attendre à des Aristide et des Préval tant que nous ne mettons pas de côté les séquelles des OCCUPATIONS et surtout de la colonisation (que nous ne cessons de regretter).

Le pays n'a pas besoin de président. Il a toujours mieux fonctionné sans président. Souvenons-nous-en ! Les élections sont une formalité secondaire pour le *blan* – l'étranger. Ce sera du temps perdu à discuter en chambres pour approuver des contrats que les vautours trafiqueront pour du RIZ et des Taules et qui prendront une éternité. Le *blanc* a besoin d'actions pour libérer les fonds déjà prêts. Mais pas pour attendre après des paysans en chambres qui ne connaissent rien en la matière parlementaire. On vote pour ce qu'on sait. Ces paysans de la chambre n'ont aucune vision de quelle reconstruction nous aurons ; comme celle de l'arrière-pays !

C'est la le danger d'élire un vieux ou une vieille de la vieille. On recommencera encore une fois avec la question de double nationalité, de diaspora, *de moun lot bò dlo*. Notre misère c'est nous qui la fabriquons. Le pays n'a pas besoin de président. Mais Wyclef est un esprit vierge de tous nos préjugés mortels. Nous serions chanceux s'il pouvait accéder à cette place, on perdrait moins de temps à nous chamailler sur des questions de *sak diri ak pwa* –riz et pois- et viendrait avec des collaborateurs jeunes pour une fois dans le pays.

La jeunesse est énergique et n'a aucune rancune ni de préjugés. S'il fallait revenir en arrière avec la devise : LE POUVOIR AU PLUS CAPABLE, alors Wyclef vient en tête de liste et Mickey après. Ceux sont des hommes qui ont une expérience du public et ils ont donné la preuve par leur réussite même s'ils ne parlent aucune langue ou qu'ils se déshabillent en public. Ce n'est plus ce qui doit compter. Ceux qui savaient le faire n'ont rien fait. Ils nous ont foutu dans la merde. Moi je n'approuve ni l'un ni l'autre et encore moins ceux de la vieille garde. Mais s'il faut prendre une chance mieux ne plus se fier sur l'apparence.

Quel que soit celui qui prend le pouvoir, ce qui compte c'est la reconstruction. Tous ceux qui ont posé leur candidature étaient déjà là et ils n'avaient rien fait pendant les 20 dernières années, sauf Wyclef. Laissons notre orgueil et nos préjugés de caste, de couleur et de classe de côté et voyons la situation objectivement.

P S
N'oublie pas que George W Bush n'a pas été si éloquent; mais il possédait le charisme. Et malgré que la grande majorité soit vraiment démunie, les intellectuels se trouvent partout en Haïti. En fin de compte, toute la population aimerait avoir un leader qu'on peut faire confiance; un leader, dont les intentions ne sont pas de piller à nouveau les coffres.

Le pays a besoin d'un leader efficace qui peut bien communiquer avec toutes les couches sociales ; un leader qui doit approcher et développer des partenariats vertical et horizontal ; un leader qui apportera des changements rapides ; et pondéra des changements et des habitudes sans trop de bouleversement (*good luck on that one*) :-)

Quelqu'un qui peut calmer des mille et une partie politiques qui demandent « *what's in it for me ?* ». L'ordre du jour doit être vraiment explicite, démontrant les capacités pour l'équilibre des différents facteurs/pouvoirs, et éviter toute apparence de la prépondérance des uns par rapport aux autres.

Ils (*rich and poor*) peuvent se sentir confiants que cette personne, quelqu'un qui ne semble avoir aucun agenda caché.

A P Jr
C'est vraiment n'importe quoi !!!!!

F-A L
C'est un moment très difficile qui illustre beaucoup plus la faillite de la classe politique. Mais, pour l'instant, je me garderais de faire la chasse aux sorcières, ou tenter de dévaloriser nos intellectuels. Nous sommes tous coupables de cette descente aux enfers de notre pays. Nous sommes encore à la recherche de ce consensus, de ces leaders et de cette volonté politique collective qui nous permettraient de remonter à la surface, à la lumière.

M V-R
Je pense que l'approche pragmatique est de mise.

L J
Wyclef Jean, l'homme fort de la scène électorale à la présidence résulte de l'effondrement des tractions sociales en Haïti d'où les élites politiques, intellectuelles, médiatiques, économiques et religieuses s'avèrent sans scrupule et sans admiration et je dirais même cadavérique.

P S

Trop de haine! Trop de haine! « *Rahi chyen an men di dan'l blan.* »

J F B

Comme disait l'autre: « en toute chose, il faut considérer la fin.» A quelle fin Wyclef se porte-t-il candidat à la présidence ? Est-ce par mégalomanie ou, comme tout haïtien qui se croit arriver, pour se sentir accompli ? Ou, parce qu'il cherche comment se reprendre économiquement ?

Seul le candidat par son honnêteté peut répondre à ces interrogations. À mon humble avis, je ne pense pas qu'il soit le leader que cherche le peuple haïtien. Je parle du peuple exclu qui a voté Aristide et continuera à le voter. Il ne faut pas oublier que le peuple avait exigé à Wyclef lors du dépôt de sa candidature, qu'il se déclare être envoyé par Titide. Donc ne nous trompons pas, le peuple sait très bien ce qu'il cherche. Il a fait la même chose avec René Préval en espérant que celui-ci lui rendrait son leader charismatique. Mais Ti René a trahi. Maintenant il prend sa revanche contre cette élite GNbiste en appuyant ouvertement Wyclef.

Mais attention, cher compatriote ! Wyclef comme tout parvenu arrivé au pouvoir sera accaparé par l'oligarchie haïtienne et par les grands du monde. Le peuple sera exclu. À ce moment le vrai mouvement populaire fera surface. Maintenant l'unique option qu'il nous reste est de continuer à organiser les masses tout en expliquant clairement l'évolution de la conjoncture en mettant l'accent sur l'aspect de classe des événements.

Les cellules politiques de base devront porter l'accent sur l'insignifiance qu'auraient les élections avec ces leaders traditionnels. Le taux d'absentéisme dépasserait toute pronostique. Et en plus c'est le moment pour le peuple de se venger de cette classe politique apatride.

Je crois que le vrai combat sera lancé 6 mois après ces élections. Le moment est à la préparation de la lutte anticoloniale. Wyclef ou pas les exclus le seront toujours si nous ne franchissons pas cette étape. Le scénario est déjà préparé. Il est question de nous maintenir hors de la vraie lutte de libération nationale. C'est ça la stratégie des manipulateurs et dire au monde entier le peuple haïtien a un leader qu'il aime au pouvoir qu'il nous foute la paix.

Pour cela, il ne vaut pas la peine de nous en faire autant avec la candidature de ce rappeur. Il sera désapprouvé par le peuple bien avant que nous ne l'espérions. À bon entendeur, salut !

GJ E
Et Aristide, il n'avait pas trahi ?
Une question rhétorique @ JFB : « Le peuple sait très bien ce qu'il cherche » par un penchant « férial », primordial, mais il n'arrive pas à CHOISIR ce qu'il lui faut, sur une base logique et intel-ligente. Et puis, à t'entendre, on est bientôt parti pour une « révolution armée » puisqu'il faudra se débarrasser des « colons. »

Ce sera encore « *koupé tèt, boulé kay* » et jamais « *poze tèt, konstwi kay* » et toujours la violence confirmera notre errance.

D C
Il nous faudrait avoir une table ronde et discuter de l'avenir du pays. Haïti a besoin de nous tous, quelles que soient la couleur, l'opinion et la situation sociale. De l'ensemble des idées jaillit la lumière. Nous devons faire quelque chose pour le pays et le temps est maintenant, non pas demain ou l'année prochaine.

N S
Tous ceux qui se penchent du côté de la masse populaire doivent être absolument éliminés, tout simple-ment. C'est la vache à lait pour la minorité traditionnelle. Ce n'est pas une affaire patriotique pour eux, c'est du business « *Money.* » Ils n'ont rien à voir avec Haïti. Plus ça va mal pour Haïti mieux ça va pour eux. C'est à ne rien comprendre.

Le peuple haïtien est toujours dans une situation où il attend quelqu'un pour le sauver de l'emprise cruelle de ce système. Qui contrôle ce système ??? Comment fonctionne ce système ??? Autant de questions qu'il faut se poser et trouver la réponse et ainsi trouver une solution définitive pour notre pays. Il faut absolument « ÉCLATER » ce système. Je ne sais pas, mais peu importe la façon. Pacifiquement, démocratiquement, « *koupe tèt boule kayeman* », peu importe. Malheureusement ce n'est plus de mise de nos jours ; aux grands maux les grands remèdes. *Li lè pou nou sispan mete nouvo bèl pansement sou maleng lan san nou pa dezenfektel.* Beaucoup d'Haïtiens sont imbus de ce problème pour ne pas dire tous les Haïtiens, mais ils refusent de prendre action. Haïti n'ira nulle part sans l'éradication totale, je dis bien, totale de cette maudite plaie. « ON NE TOUCHE PAS HAÏTI ! PROPRIÉTÉ PRIVÉE ! Bill Clinton peut vous en dire long là-dessus. Il n'y a pas de solutions externes qui marcheront. Malheureusement pour Haïti ; cela dure tellement longtemps.

F-A L
Pour comprendre cette situation sociopolitique complexe, il faut se résigner à faire de nombreuses considérations sur la composition du statu quo et les acteurs prépondérants de l'échiquier politique actuel. Il y a des problématiques spécifiques de la conjoncture qui sont de nature traditionnelle sinon historique.

1- L'absence de l'état dans les domaines les plus importants: l'éducation, santé, énergie, environnement etc.

2- La non-existence d'un état légaliste, fort qui offrirait un cadre légal, sécuritaire qui garantirait le déroulement d'élections démocratiques.

3- Le pays vient d'être victime d'un sinistre incomparable qui rend encore plus dysfonctionnels les pouvoirs ainsi que les institutions.

4- Faut-il aussi remarquer que nous vivons un grand déséquilibre institutionnel par la prépondérance de l'exécutif contre l'absence du législatif. Décharge des candidats impossible...
5- L'inexistence ou la faiblesse des partis politiques, leur caractère éphémère, leur incohérence idéologique. Ex: la gauche haïtienne préfèrerait la dissolu-tion, l'échec électoral permanent plutôt qu'un consensus entre les partis de gauche. Ils n'ont jamais pu choisir un candidat unique. Hélas, la seule fois fait rarissime, 1987 (Gourgue) a fini dans le sang (massacre de la Ruelle Vaillant). L'extrême droite veillait ainsi que l'international.
6- Main mise sur l'appareil électoral. On en parle sans dire si ce coup s'est réalisé à partir de l'intérieur (endogène) ou de l'international (exogène). On veut à la fois renvoyer le CEP et se présenter aux élections. Y a-t-il un protagoniste omniscient et omnipotent qui tire les ficelles de tout le monde, le gouvernement ou l'Amérique ?
7- La mosaïque politique nationale ou la composition de l'échiquier politique laisse à désirer. Y a-t-il une passion de l'anarchie au pays? Il n'y a que de petits partis insignifiants à part Baker et Mme Manigat. Malgré les prouesses de Wyclef Jean et de Martelly, le carnet du CEP peut mettre fin à leurs fougueuses velléités. La gauche se présentera-t-elle, avec un parti d'extrême droite. Haïti devient « the mother of all countries » au point de vue de contradiction idéologique.
8- A-t-on mis sur l'échiquier des partis et des candidats qui n'auraient qu'une capacité de nuisance? Ou certains candidats ont-ils reçu une bénédiction internatio-nale pour que le colonialisme puisse reprendre avec un nouveau souffle ?
9- Y a-t-il tentative de polarisation pour manipuler l'électorat déjà si fragmenté? La vieillesse, la jeunesse, la bourgeoisie qui ne vote pas ; les forces moyennes, foyer de désunion ; le prolétariat qu'on veut toujours manipuler ; fragmentation du Parti Lavalas, formidable force politique fragmentée/divisée. Les politiques/candidats qui sont

coupés des votants de leur base. L'électorat, comprend-il le jeu complexe des intérêts de classe ?

10- Finira-t-on par trouver un mythe fonctionnel ou une utopie mobilisatrice pour travailler encore contre Haïti en lui imposant une nouvelle dictature après la chute de la dictature et une transition vers la démocratie qui risque d'être centenaire ?

N S I
Mes respects Mr Leconte. Rares sont ceux qui ont la capacité de tracer le profil exact et impartial de la situation sociopolitique de notre pays. Ceux qui en ont cette capacité n'ont pas le culot de le faire par intérêts, peur ou sentiment d'appartenance. Heureusement la réalité est là et elle saute aux yeux. Encore une fois je vous adresse mes patriotiques respects.

P B-A
HAÏTI un pays à l'envers. Wiclef n'a pas 5 ans de résidence dans le pays donc il ne peut pas être président. Mais Sweet Micky connu pour ses actions immorales peut être président ! Plus de moralité de la part de nos hommes politiques.

J D
L'auteur de ce texte ne vit surement pas en Haïti !!! Surement pas, sinon, nos deux derniers élus ne le seraient pas !

Vous ne voyez pas ? Alors, vous vivez surement à l'étranger, non ?

Hahaha ! J'avais raison, vous ne vivez pas en Haïti, c'est pour cela que vous ne voyez ce que viennent faire nos deux derniers élus dans cette question d'immoralité :)

Et puis, un petit peu de démocratie quand même ! Si cela ne vous intéresse pas, ne lisez pas ! Mais n'essayez surtout pas de m'empêcher de m'exprimer :))))
Salut !

K Et J
Notre pays et notre indépendance, c'est tout un poème. Nous sommes des victimes depuis décembre 1492, jusqu'à nos jours. Soyons des collectifs pour le bien-être de notre chère patrie, HAÏTI.

JE T'AIME

En effet, nous n'avons pas tous la capacité d'apporter la joie, la paix, l'harmonie et l'amour dans la vie des autres. Mais l'amour transforme et l'amour guérit. Tel est ce sentiment complexe, qui, au fond, est notre seule raison de rester en vie, de lutter et de chercher à nous améliorer.

Angie Jean-Bart

-10-

JE T'AIME !!!

_____

« *Et l'amour de mon amour est l'amour de toutes les amours ! Ce cri du cœur, bien que familier, retouche les flammes de ma passion de toi. Pour ta délectation, écoute un peu de tout ce que mon cœur n'ose taire, Poupée Ford !!!* »

Guy-Evans Ford

J B
Guy I am probably your greatest fan but sometimes... « Et l'amour de mon amour est l'amour de toutes les amours », cela veut dire que ton amour est une pute...

G A
Frédéric François –
« Je n'ai jamais aimé
Comme je t'aime aujourd'hui

Non je n'ai jamais aimé
avec tant d'amour dans mon cœur
Tu m'as donné le bonheur
contre un peu de liberté

Je n'ai jamais aimé
comme je t'aime aujourd'hui
Je n'ai jamais aimé
Aussi vrai de ma vie

Avec toi, c'est plus pareil
Je ne quitte plus la maison
Il y a toujours le soleil
et ton sourire à l'horizon

Chaque nuit, je viens vers toi
oublier les mauvais jours
Car c'est un vrai nid d'amour
que tu as construit pour moi »

G-E F
@ Joseph Bernadotte - Mon frère, que je relève cette contradiction : « *Guy I am probably your greatest fan.* » Si cette assertion qualifie ta franchise, alors ma substance d'homme- penseur t'est sans nul doute évidente. Devenir le fan de quelqu'un est une forme d'endoctrinassions cousue au fil de la rationalité.

Tu comprendras pourquoi je ne m'attarde pas à questionner la candeur compréhensive de ton évaluation. Merci d'avoir jugé bon d'opiner !

@ Gigi Almonor - Merci à toi, grande dame ! J'ai tressailli de joie à lire le texte ! Bon weekend à toi !

G A
Je ne comprends pas très bien. Dites-moi, qu'est-ce qui t'a fait tressaillir de joie ? La chanson ou moi ? :-) lol.. mdr

@ Guy-Evans Ford - Beaucoup de charme ! Maintenant c'est à mon tour de tressaillir de joie...

@ Gigi - Vas-y, tressaille de joie à ton tour !

G A
@ Guy - Tu me parles tout bas, et me montres la vie en rose...

G-E F
@ Gigi - Même lorsque tout s'obscurcit autour de moi, ma vie demeure en rose. Il ne me serait pas loisible de recolorer ma vie, en vue de symboliser chaque humeur. D'ailleurs, il n'y en aurait pas eu assez pour le comble de mes humeurs journalières. Oui, je suis pourtant, mentalement stable. Que ta vie soit vécue en rose, Gigi !

G A

@ Guy-Evans - Il n'y a qu'un bonheur dans la vie, c'est d'aimer et d'être aimé.

G-E F

@ Gigi Almonor - A part ce bonheur-ci, tu n'en trouves pas d'autres ?

G A

Je trouve satisfaction à aider les autres. Comme Albert Einstein a dit : « Efforcez-vous de ne pas être un succès, mais plutôt d'être de la valeur. »

G-E F

@ Gigi - Je te félicite de tes dispositions altruistes.

R K

...Je n'ai jamais aimé comme je t'aime !

G A

@ Guy - Je te félicite sur la façon dont tu donnes de toi-même, librement et ouvertement. « Les gens disent souvent que telle ou telle personne n'a pas encore trouvé elle-même. Mais le soi n'est pas quelque chose qu'on constate, c'est quelque chose que l'on se crée. » Thomas Szasz

M M-L

Lord, have mercy!---

C C

L'amour, ce n'est pas quelque chose que l'on invente, c'est plutôt inné. On aime avec le cœur, mais pas avec l'âme et l'esprit.

N M

Oh, Lol !!! Evans tu nous tue.

M D

Maintenant c'est à moi de crier ces mots !!!!!!!!!

F T

Guy-Evans, apparemment, quand tu aimes, tu perds la raison. Je te comprends entièrement. J'espère que la personne à qui tu es prêt à donner tout cet amour sera non seulement en mesure de te donner la réciprocité, mais t'aimer encore plus que tu l'aimes.

G-E F

@ Florence - En effet, Florence, aimer, c'est faire l'expérience de la raison du cœur. Celle-ci domine, s'impose et se superpose avec la raison d'être. C'est la source de notre orgueil et de notre idéal sur terre. Aimer, à mon sens, c'est perdre la raison -mécanisme de défense-, pour que la tendresse -source d'humilité et d'harmonie-. Aimer, c'est avoir raison sans besoin de la rationaliser... La raison du cœur ne cherche aucune garantie de réciprocité des sentiments qu'elle provoque ; elle s'attelle plutôt à orienter l'amour vrai vers son équilibre, sa stabilité, ses joies et sa longévité dans l'épreuve... Heureux de ton aimable opinion!

N M

Guy, je ne suis pas totalement d'accord avec toi, car si tu perds la raison, tu ne pourras pas orienter cet amour dans une bonne voie et le nourrir afin que toi et ton adorée puissiez en jouir pleinement. La raison du cœur doit chercher une garantie de réciprocité des sentiments. S'il n'y a pas de réciprocité, dans ce cas, pourquoi luttes-tu ainsi pour l'appartenir ?

G-E F

@ Nicole - Bonjour à toi ! Merci de l'attention que tu prêtes à ce parchemin. Je juge que tu as raison de partager tes perceptions avec nous parce que nous les prenons à cœur. La raison qui alimente la convoitise, lorsqu'elle se métamorphose en raison noble, subit l'influence d'un conditionnement implicite de l'idéal des deux êtres en amour. Parler de réciprocité, c'est en partie affecter l'épanouissement de l'amour. Par exemple, des dispositions telles que : le respect, la fidélité, le sens du partage et les besoins de l'amour doivent être réciproques par ce qu'aimer est aussi et surtout un pacte social.

Sur le plan affectif, ce que tu entends par réciprocité devrait être perçu comme partage pour éviter de mettre en relief des limitations qui risqueraient d'avoir un impact négatif sur l'union. J'ai énoncé des paramètres de réciprocité ou d'entente fondamentaux qui rejoignent ton point de vue, sans pour autant adhérer à un pacte conditionnel.

F T
Aimer vraiment, c'est tout donner sans rien espérer en retour. Perdre la raison, être fou de quelqu'un ; c'est inévitable ! On espère seulement trouver la réciprocité.

Nicole, « Le cœur a des raisons que même la raison ne connait pas. » (Le nom de l'auteur m'échappe)

A H M G
Bonjour à toi ! Guy, tu m'ensorcelles avec tes chansons d'amour, merci!

G-E F
@ Amalia - Jamais, au grand jamais, je ne me crus capable d'ensorceler. Voici un talent à exploiter ! Merci de cette révélation. Heureux que ma sélection de chanson t'ait plu !!!

M P
Quand l'amour est à l'honneur, les amis se font rares : pas de commentaires.

Comme l'a bien dit Amalia, tu restes dans ton petit coin pour ensorceler les autres avec des chansons d'amour. lol. Bonsoir !

G-E F

@ Michele - L'amour est toujours à l'honneur dans ma vie. Je consacre ma vie à préconiser le triomphe de l'amour d'amour. Si comme tu le dis, les amis se font rares à cause de l'amour, alors, l'amitié n'est pas bien fondée. Toute amitié est à base d'une dose mesurée d'amour. Bien à toi !

M V

Bonjour à toi ! Et même si ce n'est pas pour moi, je l'attrape en toute Amitié. Bonne Journée Guy.

M C-E

I love you too! Have a wonderful & blissful day in the company of your angel!

L R

Loving you right back!

A J-B

@ Guy-Evans - Tu vas bien ? Sais-tu quoi ? Il ya des amitiés qui sont plus fortes que l'amour. Tandis que des amours se cassent, l'amitié peut endurer l'épreuve du temps.

A J-B

Smile... Message reçu !

Y F

Dis-le haut et fort, le message d'amour ou d'amitié a été reçu. Both of you be blessed!!

M St G

Seul le Silence est Grand !

G-E F

@ Maggie - Ce titre d'un album de Mireille Mathieu, à savoir, « Pourquoi le monde est-il sans amour », accuse le manque d'intrépidité de ceux et de celles qui n'attrapent pas les ondes positives de l'amour sur leur passage... Je te réitère tout l'amour de notre amitié entière et à part! Bon weekend!

@ Angie - L'une des caractéristiques des amours chancelantes, c'est qu'elles n'étaient pas construites sur le roc de l'amitié. Celle-ci aide à filtrer les sentiments contre les corps toxiques qui tentent de s'y infiltrer pour ruiner l'alliage. L'amitié devrait être la pierre de l'angle des amours qui préconisent la longévité. Qu'en est-il de ton amour, Angie ? Smile!

@ Florence - Lorsque l'esprit d'amour plane de sa tombée du cosmos, il ne s'installe dans aucune frontière précise de cet univers tumultueux ; il s'en prend plutôt aux cœurs accessibles. La destination de l'amour est un rêve à matérialiser. Pouvoir cultiver un amour sans bavure et pouvoir s'investir de tout feu toute flamme à aimer sont une bénédiction. Merci de ton intervention, Florence. Bon weekend à toi !

@ Rosie - Aimer en retour est une chose formidable. I « love you too » ne doit pas être qu'une simple formule, plutôt une expérience, Poupée !

@ Yanick - Femme-Poésie, je te remercie d'avoir apposé ton sceau d'approbation sur ce cri du cœur investi dans le réel. Mon plus grand rêve c'est que mon « I LOVE YOU » résonne et raisonne lorsque mon âme le délivre avec sa charge indisputable de conviction. Que ce soit comment serment, que ce soit comme déclaration ! Bon weekend!

@ Marie St - Un amour vrai ne peut être voué au silence. Un amour qui s'avoue ne sait guère se taire !

F T

Guy-Evans, la façon de t'exprimer. Mon Dieu, c'est fascinant. Je prends plaisir à lire tes écrits. Ils touchent le cœur. Your language is that of a poet!

G-E F

@ Florence - Bonjour à toi, Florence ! Tes éloges m'exhortent à mieux faire. L'attention que tu voues à mes écrits, qui se veulent des « cris du cœur », m'honore, m'encourage et me console. Merci!

F T

Guy-Evans, Hervé t'a posé une question. A qui tout cet amour ? Tu lui réponds ?

H F-L

Ah ha, tu réponds mon pòt !

M C-E

@ Florence & Hervé - A toutes celles qui le méritent ; bien sûr ! :-)
@ Guy - J'espère que tu ne t'en fais pas de ce j'aie répondu à ta place.

H F-L

Oo! Alors là je me mets dans la lutte. Je ne laisserai point passer cette occasion de me mesurer contre ce Mecque de Guy-Evens qui poétise sans cesse et captive toutes les fleurs de ce forum. Pa gen bagay konsa pyès !

Il va falloir à ce moment que je m'associe à ce monsieur qui semble posséder l'art de se faire aimer.

M C-E

Guy m'a chuchoté à l'oreille que c'est inné ! :-)
Ne te décourage pas pour autant, Hervé. TOUT s'apprend dans la vie.

G-E F

« Nous sommes tous des artistes. Dès que l'on peut apporter l'harmonie, la joie, la paix, l'amour dans la vie des autres, nous sommes artistes. » Angie Jean-Bart
L'artiste serait présomptueux de se croire au niveau majestueux de l'art. Révéler l'art, tel est le rôle de l'artiste. Angie, artiste-artisane, je te remercie d'avoir éclairé nos lanternes sur notre identité en tant qu'œuvres d'art du Grand Architecte de l'Univers.

Ne t'en déplaise, que je partage avec toi ma visualisation de mon être, artiste :

Être capable d'aimer à perdre la raison est un enclin d'artiste.
Concevoir ce que l'on pense et le parfaire passionnément
Percevoir ce qui attendrirait le cœur de l'être aimé
Cibler son objectif et le conquérir avec conviction
Vouloir et pouvoir satisfaire l'être avec qui l'on communie en amour
Penser à donner du plaisir avant sa propre gratification
Être capable de consoler ceux qui s'égarent dans le chagrin
Pouvoir chérir et choyer l'être aimé avec flamme et consistance
Trouver une nouvelle inspiration dans le même épanchement,

Telle est ma visualisation de mon rôle d'artiste !
S'il faut acquiescer dans l'absolu que nous sommes tous des artistes, convenons d'abord ensemble, que tous, nous partageons les mêmes sujets que nous interprétons différemment. Toute la différence réside dans l'inspiration, la source intarissable de tout chef-d'œuvre artistique.

R G Jr D
Guy-Evans, tu es exacte ! Mon premier ensemble était sous la direction du pianiste Micheline Laudun Denis, j'avais cinq ans. C'est notre devoir, ensemble, de partager nos connaissances avec les jeunes. Encore une fois merci pour cet article qui embellit l'art. Guigui

N G
Très belle pensée !

G O'N
Très beau ! Cependant, il y a toujours les exceptions qui, malheureusement, confirment les règles. Nous n'avons pas tous la capacité d'apporter joie, paix et amour dans la vie des autres. Plus encore, ceux-là mêmes qui sont sources de joie, de paix et amour peuvent être d'amères sources de tristesse, de chaos, de litiges et j'en passe. Il est important d'être en paix avec soi-même quand plus rien n'a l'air d'y aller, et de continuer à aimer même quand le « vis-à-vis » veut nous causer ou nous cause du tort.

G-E F
@ Raynaldo – GuiGui, j'apprécie que tu aies fait honneur à ce parchemin en élevant ta voix dans ce débat. Dans ce contexte-ci, je voyais l'artiste à travers l'expérience de ceux-là qui ont déjà pris conscience de leur condition humaine. Je trouve pourtant rafraichissant que tu attaches un sens littéral au terme artiste en l'assimilant à l'enfance, par ou passe évidemment toute expérience adulte. Franchement, je me remets de cette faille en me repentant de cette lèse plutôt justifiable, en ce que je ne me voyais pas à introduire les « petits », prodiges ou autres, dans une analyse aussi décolletée de la conscience artistique. Salut!

@ Nancy - Si cette pensée t'inspire, cela m'encourage à sourire ! Bonne journée à toi !

@ Gerty - Au potentiel, tout humain est artiste, moyennant qu'il puisse, dans son entourage social, communiquer « l'harmonie, la joie, la paix et l'amour. » Cette assertion ne pourrait se reposer sur la précarité d'une généralisation, compte tenu des contingences que tu as énoncées dans ton intervention, lesquelles, nous cadrent sur la même page idéologique.

Être artiste, je crois, dans le contexte ou l'emploi Angie, c'est s'évertuer à élever son inspiration a un niveau de consistance apte à assainir le quotidien de ceux que l'on côtoie en exsudant un comportement exemplaire. Je concède dans le même souffle, tout comme toi, d'ailleurs, que tous les humains ou potentiels artistes, ne sont pas ipso facto des agents porte-bonheur. Bonne fin de semaine à toi, ma sœur !!!

A J-B
En effet, nous n'avons pas tous la capacité d'apporter la joie, la paix, l'harmonie et l'amour dans la vie des autres. Mais l'amour transforme, et l'amour guérit. Tel est ce sentiment complexe, qui, au fond, est notre seule raison de rester en vie, de lutter et de chercher à nous améliorer.

On peut écrire des milliers de livres, monté des pièces de théâtre, produire des films, créer des poèmes, tailler des sculptures dans le bois, fer ou dans le marbre, et pourtant, tout ce que l'artiste peut transmettre, c'est l'idée d'un sentiment ; pas le sentiment en soi. Mais j'ai appris que ce sentiment était présent dans les petites choses et se manifestait dans la plus insignifiante de nos attitudes. Je le répète et je le sens. Nous sommes tous des artistes. Il faut donc toujours avoir l'amour à l'esprit quand nous agissons ou quand nous n'agissons pas. Cheers!

G O'N
@ Angie - Merci infiniment. Un brin d'encouragement n'a jamais cause de tort à personne. Que du contraire ! La pensée postée qui fait couler pas mal d'encre est très jolie, et profonde. Hats off!

@ Angie et Guy - Au fait, L'Artiste, par excellence, reste et demeure Dieu de qui, découle toute bonnes choses, toutes vertus. Si nous restons attachés à Ses principes, il n'y a pas moyen de n'être pas porteurs de paix, de joie, d'amour, de félicité, etc. Cependant, La Parole de Dieu est aussi une épée tranchante. Elle peut blesser PROFONDÉMENT quand elle met le mal en évidence. Pourtant --o, bienheureuse espérance -- cette Même Parole qui peut faire mal, à La Puissance de guérir. Et, comme le dit si bien ce chant: « S'il le faut, que ta main me blesse, Ton Amour saura me guérir.'

A J-B
Amen!

G-E F
@ Gerty - Amen, Sœur-amour!

@ Gerty - Gardes-toi de dire à notre Maman chérie, Anne-Marie, que j'ai mal écrite O'neil. Smile!

G O'N
@ Guy - Je ne voulais pas prendre l'initiative de t'avilir sur FB (lol, lol, lol). Heureuse que le sort en ait décidé autrement. Je te promets de ne rien dire du tout à notre mère; je lui écrirai tout simplement un p'tit mot à ce sujet. lol, lol, lol.

G-E F
@ Gerty - Je crois avoir l'assurance de ta protection affective en toute circonstance. Alòs, m'pa pè ! Smile

G-E F
@ Lana - Always good to hear from you! All is well at this end and I wish the same to you. Talk to you soon and have safe and nice weekend!

Ce travail, « Mémoire », est très important, et aujourd'hui plus important que jamais. Ce sont les descendants de ces sauvages qui faisaient subir des atrocités aux indigènes que l'on appelle de nos jours « Civilisés »...

Fay Camille.

-11-

BARTOLOME DE LAS CASAS

Bartolomé de Las Casas est né à Séville en 1484. Il a quitté l'Espagne à l'âge de 18 ans à destination du Nouveau Monde, où il a participé à la conquête de Cuba et fut témoin des premiers horribles massacres des colons espagnols dans une communauté indigène. Il se convertit à la prêtrise et rejoint l'ordre dominicain. Après avoir été témoin de tant de cruautés et d'atrocités de la part de ses compatriotes espagnols sur les indigènes, en 1542, il écrit un livre pour dénoncer les crimes et les sauvageries commis par ses « compadres ».

En dépit des murmures de protestation des réactionnaires catholiques de la fin du 19e siècle dans une tentative d'explication de la destruction des indigènes du Nouveau Monde et pour racheter la complicité indéniable de toute l'Europe dans les conquêtes espagnoles en tant qu'aberration passagère dans l'histoire de cette Nation [...], Las Casas a été considéré comme « une expression authentique de la véritable conscience espagnole. »

Comme tout autre colon, Las Casas, lui aussi vivait du travail forcé des indigènes qui lui ont été donnés comme esclaves par le Gouverneur Nicolás de Ovando. Bien que ces indigènes n'aient pas vécu dans l'habitation de leurs maîtres, ils étaient des esclaves virtuels, une pratique connue à l'époque sous le nom de « encomienda. »

Le dimanche qui précéda la fête de la nativité de l'année 1511, la communauté espagnole de Quisqueya, renommée Española par les conquérants, eut un choc extrême; la nouvelle de la conversion de Las Casas comme prêtre colonial pour devenir un apôtre de la cause indigène choqua son entourage. Il est dit qu'en plusieurs occasions, Bartolomé de Las Casas essaya d'informer les dignitaires de la couronne en les avisant des destructions et des violences inutiles sur la population indigène :

« [...] *la perte de leurs terres, la mort violente des habitants indigènes et la façon par laquelle les Espagnols, dans leur avarice, les massacrèrent* [...] »

Le roi Ferdinand, pour qui les Amériques représentaient juste quelques territoires insignifiants pour Sa Majesté, référa la plainte de Las Casas au « Président du Conseil des Indiens », Juan Rodriguez de Fonseca, bishop de Burgos, un homme en qui Las Casas n'avait aucune confiance. Lorsque Fonseca reçut les rapports sur la mutilation de sept miles enfants en trois mois à Cuba, il répliqua : « en quoi cela me concerne-t-il ? »

L'île Quisqueya a été le premier témoin de l'arrivée des Européens et le premier à souffrir de la grande boucherie de ses peuples, de la dévastation et de la dépopulation de la terre. La raison pour laquelle les chrétiens ont assassiné sur une si grande échelle et tué tout ce qu'ils rencontraient sur leur chemin était purement par avarice ; s'est lamenté Las Casas. Et il ajoute : « Le peuple autochtone n'a jamais causé de torts aux Européens ; au contraire, ils les ont considérés comme des êtres descendus des cieux »

Les chrétiens, aux dires de Las Casas, ont infligé les traitements les plus redoutables à ces gens qui voulaient les aider et qui étaient prêts à les servir. Les Espagnols, à leur arrivé dans l'île, ont envahi les habitations des indigènes et perpétré les crimes les plus abominables sur tout ce qui était en vie: adolescents, vieillards, femmes enceintes et enfants.

Ils n'épargnaient personne. Ils érigeaient particulièrement de larges gibets sur lesquels ils ficelaient leurs victimes la tête vers le haut les pieds ne touchant presque pas terre et les brûlaient treize à la fois, en l'honneur de notre sauveur et des douze apôtres.

Lorsqu'il s'agissait d'un chef ou d'un noble, « Ces brutes s'amusaient à les attacher sur une sorte de gaufreuse de bâtons reposant sur des fourches enfoncées dans le sol et les grillaient par-dessus un petit feu, les faisant ainsi hurler dans l'agonie du désespoir, les laissant ainsi mourir d'une mort lente et prolongée ».

Dans d'autres occasions, « des chiens entraînés dévoraient un indigène à mort sous les yeux des autres, le déchirant en lambeaux et jetant la peur parmi les autres; ces chiens étaient à l'œuvre dans beaucoup de carnages ». Et pour prévenir toutes représailles de la part des indigènes, les colons espagnols s'étaient entendus sur un accord officiel interne, selon lequel pour chaque Européen tué, 100 indigènes seraient exécutés [...] Lire la suite ...

Hervé Fanini-Lemoine
Face à Face autour de l'Identité Haïtienne, p. 56

C S
« ...en l'honneur de notre sauveur et des douze apôtres.... » *Lage'm pou'm pale* ! @#@#!

G E D
Ce fut vraiment l'horreur dans toute sa splendeur, je me demande toujours comment les humains peuvent-ils être aussi cruels !!!

P G
Je n'ai pas encore lu l'ouvrage ; je vais me le procurer.

M L
Une page d'histoire bien triste !

M A T

Il est temps d'envoyer le livre en Haïti. Aujourd'hui, j'en parlais à Claude Deschamps de la librairie « J'imagine » Henry Deschamps. En attendant d'avoir le plaisir d'assister à la signature-vente, je partage ton texte instructif et enrichissant. Il y a des facettes de Las Casas qui sont encore inconnu du grand public. Merci pour le partage. Respect.

H F-L

Merci MAT. Je t'appelle, on en discute. À bientôt !

À P

Salut Hervé

Je te félicite pour ce rappel de l'histoire, de notre histoire, de l'histoire de cette terre qui nous a vus naitre et qui a aussi vu naitre et grandir nos grands-parents et nos aïeux. J'espère que tu ne vas pas t'arrêter là : les atrocités de ces civilisés ont continué. Tu raconteras ce que les Français nous ont fait subir lors de notre guerre d'indépendance par l'entremise de Leclerc, de Rochambeau et de leurs armées. Encore plus près de nous, tu n'oublieras pas non plus le massacre des paysans haïtiens perpétré dans le Sud d'Haïti par les Américains au moment de l'occupation. Continue ton travail de rappel.

     Bonne nuit.

M A T

Inutile de chercher bien loin la Genèse de cette haine véhiculée lors de la révolte des esclaves

P G

En effet, les traumatismes ont la vie dure et malheureusement nous ne sortons pas de ce cycle !

H F-L

@ Andros - Il existe un livre publié par C. L. R. James - Jacobin Noir- qui illustre pas mal de ces atrocités.

On s'en sort, Patrick. Malheureusement à chaque pas en avant, nos élites conspirent à notre rétrograde - cinq pas en arrière!

F C
Ce travail, « Mémoire », est super important et maintenant plus que jamais. Ce sont les descendants de ces sauvages qui faisaient subir des atrocités aux Indigènes que l'on appelle de nos jours « Civilisés »...
Le moment est venu pour dire les Vérités non dites en ce début de nouvelle Ère.
Bon travail Hervé et merci pour ce livre.

H F-L
Merci Fay !

F N
Hervé, je te remercie. Bien que pénible, il nous faut pouvoir regarder ces faits historiques, avec le détachement nécessaire, sans passion pour pouvoir en tirer les leçons. Il est ironique que nous voici, beaucoup d'entre nous, produits de l'éducation catholique, des années plus tard, essayant de dresser un bilan de la religion catholique et du rôle qu'elle a joué dans la colonisation et le système esclavagiste.

Mon souvenir de Barthelemy de Las Casas, comme présenté durant mes cours d'histoire est celui du prêtre, bénévole, tout aimant des « Indiens ». Il aurait suggéré les noirs d'Afrique comme étant plus apte au type de travaux forcés imposés par leurs bourreaux venus d'Europe.

Même dans l'enseignement actuel de l'histoire, nous perpétuons ce mythe. La majorité de nos enseignants le fait parce qu'ils ne connaissent pas les faits eux-mêmes.

Ton livre, je souhaite, sera (devrait être) une lecture recommandée à tous les niveaux: étudiants, enseignants et élite intellectuelle. Continue à faire jaillir la lumière sur ces faits irréfutables pour aider à contrecarrer le « *whitewash* » criminel qui nous maintient dans notre état de servitude.

H F-L
Kenbe fèm, Fanfan!

R G
Merci Hervé pour ces informations si importantes à nous en tant que peuple qui continue à souffrir de ces actes barbares. Cela fait pitié pour voir des gens agir de la sorte. *Slow cook a human being* ! Wow!

J'espère retrouver un exemplaire de ton manuel ici à Atlanta.

Et voici ce que les chrétiens nous ont fait croire : nous sommes nés avec le « pêché originel » ; c'est cela, la colonisation: nous faire croire que nos croyances et nos traditions sont sales

Nadine Dominique

-12-

EXPANSION OU RÉTRACTION
DU CATHOLICISME !

Le Christianisme, à travers ses trois principales branches, le Catholicisme, l'Orthodoxie et le Protestantisme, représentent aujourd'hui près deux milliards d'individus, soit le tiers de l'humanité. D'après les chiffres du Vatican, la moitié des chrétiens, plus d'un milliard en 2003, seraient catholiques. 49.8% des membres de l'Église catholique se trouvent en Amérique latine, tandis que l'Europe, lieu de son expansion initiale, ne compte que 25.8% des baptisés ; l'Afrique 13.2%, l'Asie 10.4% et l'Océanie 0.8%. Mais c'est en Afrique que le Catholicisme connaît actuellement sa plus forte croissance avec plus de 4.5%. De l'avis de l'ensemble des spécialistes, l'avenir du Catholicisme se trouve dans les pays du Sud. Bien que les chiffres du Vatican soient souvent contestés parce que probablement gonflés, ils en disent long sur le déclin de la spiritualité classique et séculaire en Occident. Avec 87% de ses adeptes dans les pays de l'hémisphère sud, le Catholicisme est aujourd'hui une religion du tiers-monde. Au grand dam de personnages comme Silvio Berlusconi, pour lesquels le Catholicisme est la religion de l'Occident, sous-entendu de la race blanche. Et la survie de cette religion dépend entièrement de sociétés considérées précisément comme « inférieures ».

Les missionnaires qui l'ont apportée en Afrique n'ont donc pas cherché à la partager, mais à l'imposer. Ils n'ont jamais essayé de comprendre la spiritualité africaine ni d'adapter la religion chrétienne aux cultures du continent noir. Bien au contraire, ils ont jugé et condamné l'animisme comme véhicule du paganisme et cause de la « sauvagerie » des Africains. Parlant du Salut de ces païens, le point de vue des missionnaires se traduisait ainsi :

La foi ne requiert ni liberté, ni compréhension, puisqu'on a affaire à des êtres mineurs, dégradés et à des instruments des forces du mal. La contrainte est permise, voire recommandée [...]

Ref: Face à Face autour de l'Identité Haïtienne, p. 121-158, Hervé Fanini-Lemoine

J C J
Très instructive surtout que la religion n'est pas mon fort... Merci Hervé !!!

G E D
Partager sa foi requiert plutôt du bon sens, de la compréhension et toute la sagesse divine. Le cœur de l'homme est mauvais, et ce, depuis son apparition sur terre.
Sous couvert de la religion, certains ont profité pour imposer toutes sortes de doctrines et autres. En aimant Dieu, en s'aimant soit même on ne peut donner que ce que l'on a de meilleur. Mais c'est tout un processus !

N D
Men wi! Kite jouda yo pale ! Le jour où les enfants qui ont été abusés et torturés dénonceront les abus subis des mains des colons chrétiens en Afrique et en Amérique Latine, le Vatican tombera. Attention !!! *veye yo, bare yo, kenbe yo gen lalwa pou sa !!!*
Avez-vous vu la manifestation en Allemagne après que le Pape ait été accusé d'avoir camouflé un scandale ??? Recherchez sur Google et vous verrez!

H F-L
Gloria, pourquoi dis-tu ou penses-tu que « le cœur de l'homme est mauvais, et ce, depuis son apparition sur terre ? » Et en suite je parlais ici d'expansion du Catholicisme, pas de croyance !

Dans un temps où la connaissance est accessible à tous, pour ceux qui cherchent la vérité, il devient évident que seules les « bonnes brebis » resteront en pâturages !

N D

Men se sa kretyen yo fè moun kwè, nous sommes nés avec le « pêché originel », c'est cela, la colonisation ; nous faire croire que nos croyances et nos traditions sont sales. Bref, *m pap kontinye sou sa m ka fè kòlè...*

H F-L
Lol, Nadine!

G E D
@ Nadine - En tant que chrétienne je n'ai jamais compris les choses comme ça, ne te mets pas en colère, ce n'est pas bon pour la santé !! Lol
L'histoire de l'humanité démontre que les cœurs sont mauvais, blanc, noirs, etc.
Hervé, j'ai mélangé expansion et croyance, croyant que tout était lié. Je me suis trompée.

H F-L
Ne t'en fais pas Gloria. Je te comprends. Je n'ai aucune intention de discuter de croyance. Je refuse de le faire tout simplement parce que chacun est libre de ses actions et de ses choix. Par contre, moi aussi, j'ai le droit de présenter les facettes oubliées ou omises.

G E D
Mais c'est ce qui est bien ! Chacun s'exprime en tenant compte de la croyance de l'autre. Merci pour ces moments de partage et bisous à toutes et à tous.

M A T
J'aime, je partage ; merci ami.

D L
Remise en cause fondamentale !

M V

Le Catholicisme est une Confession du Christianisme, représenté par l'Église Catholique et ses Institutions. Les Dogmes et les Préceptes se fondent sur l Ancien et le Nouveau Testament, et je ne vois pas en quoi la chute du Pape changera quoi que ce soit. Quant aux Abus, il y en a eu dans toutes les Religions. Le nombre de catholiques augmente dans les mêmes Proportions, que la Population mondiale.

M A T

Pratiquer un ministère ne fait pas d'un prêtre un saint. Dans toutes les religions, il y a des scandales. Dieu n'a pas créé les religions ; Il nous demande seulement de l'accepter dans nos vies. Catholiques, Baptistes, Protestants, les hommes portent la guerre chez les autres pour asseoir soi-disant leurs croyances, ou de devenir complices de génocides par lâcheté ou par sympathie.

Le pardon ne saurait guérir les traumatismes subis par les viols des prêtres catholiques.

Il est difficile de demander à un ancien esclave d'embrasser la religion du colon. Vatican ou pas, la seule omniprésence est celle de Dieu.

C S-Le M

25% des baptisés ne font pas 25% de catholiques en Europe : je le suis et suis athée. Cette façon de compter est de l'imposture.

H F-L

Maggie, as-tu au moins un moyen de vérifier cette augmentation ? Le Québec, grand centre Catholique d'antan à presque la moitié de ses Églises en vente. La France passe à une rapidité énorme de laïcité. Chez nous, en Haïti, il y a une augmentation du protestantisme au détriment du catholicisme. Explique un peu l'origine de cette augmentation.

Je remarque que chacun est en train d'expliquer, de consolider, de présenter un point de vue de croyances. Je sais que c'est un sujet qui touche la sensibilité. Mais par considération pour chacun, j'ai simplement parlé d'Expansion ou de Rétraction du Catholicisme. Pas de mention de croyances!

Maggie pense que le Catholicisme est en expansion et elle a donné une raison; alors, que pensez-vous et pourquoi?

M V

Pour répondre à ta Question Hervé, c'est dans le BRITANNICA BOOK OF TE YEAR que j'ai appris que le nombre de catholiques dans le Monde est stable, avec un milliard de Baptises, dont plus de 600 Millions, pour le continent américain et 250 Millions en Europe. Ces Données englobent les 10 à 12 Millions, de catholiques orientaux uniates.

Pour Finir Hervé, la Religion qui mettra fin au Catholicisme n'est pas encore à l'ordre du jour, car les difficultés de la vie poussent les gens à chercher des secours en priant sans même connaitre le bien-fondé de la religion, qu'ils se disent appartenir. En un mot, la Religion de nos jours est devenue une Source de revenus rentable à ceux qui ont de l'audace ; et la capacité théâtrale de convaincre les masses. Même toi et moi pouvions avoir notre Église. On a juste à trouver le nom d'une religion ; et pourquoi pas « FB Croyance » ?

C'est juste un peu d'humour.

F C

Malgré tout, une nouvelle conscience est en train de voir le jour et cela va aller crescendo, car beaucoup plus de gens que l'on ne le croit ou non cherchent à comprendre. Nous avançons à grands pas vers un Nouveau Monde denuder de mensonges et de manipulations en reconnaissant le Dieu unique sans fards avec la simplicité de la vérité.

C S-Le M
En tous les cas, même en Bretagne, les églises sont vides !

J M A
Le temps est révolu, tout le monde est en quête de nouvelles connaissances.

H F-L
Au Québec aussi Christine, les Églises Catholiques sont en vente !

M G
Elles sont rénovées en condo !

H F-L
:) – Maggy !

A M
Vous avez dit Catholique, une fois que les parents ont fait baptiser leurs enfants, sont-ils automatiquement catho ? Mais quelqu'un connait-il le nombre des non pratiquants ?

C'est normal que le catholicisme trouve encore son terreau dans les PMA, il constitue l'opium des crève-la-faim, des désespérés et des sans voix qui, corps avec le bon Dieu, restent résolument sourd et muet dans sa bonté et son omniprésence ! Amen !

Ta description de BAKA appartenant au folklore haïtien c'est bien cela ; le reste est du nouveau pour moi. C'est très intéressant.

Nancy Turnier Férère

-13-

BAKA

———

Le savoir n'est qu'une perception de ce que peut être la réalité !

[...] Dans le folklore haïtien, un Baka est un être grossier, la hauteur d'un nain, qui surveille les maisons ou des trésors. L'on dit, le plus souvent, qu'il est méchant, mais, aussi, peut donner la richesse, etc. Dans la tradition africaine, Ba signifie spiritualité et Ka, matérialité. Baka est le concept des fils d'en haut et d'en bas…..

Dans la tradition ancestrale, en Haïti, il semble exister trois types d'énergies qui, avec le corps physique, composent l'être humain. En langage Vodou Khémit, ces énergies sont appelées le BA ou *Gwo-Bon-Anj* (Force créatrice ou Source d'Énergie) ; le KA ou le *Mèt-Tèt* (la Force Cosmique double, l'Esprit Gardien) et le AB, Ti-Bon-Anj, (la Conscience, l'égo.)

Le BA peut être aussi expliqué comme la force vitale de l'âme qui transmet l'énergie Créatrice/Source d'Énergie qui en Vodou marronné s'appelle *Gran-Mèt* ou *Bondye*. Les personnes qui ont une bonne relation avec le BA sont protégées et sont remplies de grand pouvoir spirituel (ASHE). Elles vivent en totale symbiose avec le BA dans leur conscience et sont douées de pouvoir prophétique, de divination et de guérison. Ces individus peuvent développer leur Sagesse et leur Spiritualité à un très haut niveau.

Le KA est l'esprit qui personnifie la force jumelle Cosmique de l'être humain que la tradition Vodou appelle LOA. Le KA ou loa peut être considéré comme « mère », « père » ou l'esprit gardien qui influence l'humain depuis la naissance. La majorité des traditions ancestrales africaines, ainsi que toutes les traditions chamaniques, exécutent des cérémonies pour créer une relation avec le

KA. Les traditions africaines enseignent que le KA exerce une plus grande influence dans l'existence d'une personne, grâce aux offrandes qu'elle lui offre [...] Qu'en pensez-vous?

Réf : Hervé Fanini-Lemoine
Face à Face autour de l'Identité Haïtienne, p.264

M L
Intéressant !

E S B
Très intéressant !!!!

H F-L
:)

G E D
Pourquoi pas ? Ce serait comme le Ying et le Yang! Je me demande si nous tous Haïtiens, comprenons BA KA dans ce sens-là ?

R B
Cela me fait penser au Bo du Tibet qui fait partie du Buddhist Tibetan.

H F-L
Hélas, tant de contradictions dans notre culture, malheureusement ! C'est infortuné que dans ce siècle, d'illumination, notre conscience ne se soit pas encore apprivoisée. Le mal affligé contre les Africains au cours des 15e et 16e siècles a malheureusement conditionné la mémoire haïtienne pour que nous soyons encore l'esclave du blanc. Puisque l'Africain, dès son arrivé en terre étrangère a été diabolisé, tout ce qui est africain est encore de nos jours diminutif, dégradant et détériorant.

Tout ceci peut être corrigé pour vue qu'une décision d'État puisse imposer une nouvelle définition à ce que nous a été dicté par l'instruction religieuse ; ce qui n'existe pas pour l'instant. Pour l'avenir … ?

J D

« Tout ceci peut être corrigé pour vue qu'une décision d'État puisse imposer une nouvelle définition à ce que nous a été dicté par l'instruction religieuse. »
Cette citation que je fais à partir de votre prélude, est pour vous dire que l'idée me laisse perplexe. Je ne vois comment l'état (non totalitaire) pourrait s'en prendre à ce phénomène de l'autodénigrement d'une race ?

H F-L

Je vous comprends M. Dauphin, mais seul l'État peut faire changer la façon dont l'Éducation est prescrite en Haïti. Si vous n'êtes pas au courant Mr., la France cautionne l'Éducation haïtienne à environ 50 millions d'Euros par année budgétaire; je ne pense que c'est pour apprendre aux Haïtiens que la Civilisation dont l'Europe en bénéficie aujourd'hui vient de l'Égypte, une civilisation colonisée par les Nubiens (Nègres). L'Europe a tout fait pour nous faire croire que ces colonisateurs d'antan étaient tantôt « Blancs » et plu tard, « Extra Terrestre ».
Pour que la « Famille » puisse donner une bonne éducation aux enfants. M. Dauphin, il faut que ces Familles aient acquis une connaissance approfondie de la réalité, non de la perception d'une réalité.
Il faut avoir pour donner et connaitre pour éduquer, car vous ne pouvez donner que, ce que vous avez, et transmettre rien que ce que vous connaissez.

J D

C'est vrai tout ce que vous dites, Mr Hervé. Toutefois, j'ai voulu porter emphase sur l'amour-propre qu'au jeune âge on cultive et qui permet à la personne d'accepter sa physionomie en dehors des concepts erronés de la beauté, tout en développant de vraies valeurs.

H F-L
Je suis d'accord avec Mr Dauphin; absolument correcte.

N T F
Ta description de BAKA appartenant au folklore haïtien c'est bien cela ; le reste est du nouveau pour moi. C'est très intéressant. Depuis que je t'ai rencontré sur FB, j'apprends du nouveau. Je te remercie. :-)

H F-L
Merci Nancy; j'ai beaucoup appris de toi et de Gérard. A moi de vous remercier.

P S
Voici un autre « baka". Thanks for making this discussion possible.
http://en.wikipedia.org/wiki/Baqaa

On peut étudier le cerveau haïtien. Guy a raison, et toi aussi, Hervé. Il ne s'agit pas du cerveau en fait, il est composé de neurones de synapses et d'enzyme. Il s'agit surtout du « mind » à défaut de l'esprit qui renvoie à un état plus complexe. Il existe déjà plusieurs méthodes pour aborder le travail.

Roland Bastien

-14-

EST-IL POSSIBLE DE RÉPARER LE CERVEAU HAITEN

[...] Lorimer Denis, professeur à la Faculté d'Ethnologie de l'Université d'État d'Haïti, vit en Dessalines un sauveur : « Dessalines est le Christ d'Haïti [...] Dessalines, comme le Christ représente le symbole de la liberté. Il est l'homme du Refus. Refus de sa condition d'esclave et de celle de ses concitoyens. Il est un rebelle, un vrai *Nèg Mawon* [...] Farouche refus de l'inégalité sociale régnant alors à Saint-Domingue.»

Le professeur Leslie Manigat expliqua l'idéal des-salinien comme ce rêve de parfaite réconciliation entre deux classes d'hommes nés pour s'aimer, s'entraider, se secourir, se mélanger : « Noirs et jaunes [...], vous ne faites aujourd'hui qu'un seul tout, une seule famille.» Et dépassant les clivages, il s'entoura de mulâtres instruits pour mettre en œuvre la nouvelle direction, conclut-il.

N'étaient-ce la vision et la ténacité persévérante de ces révoltés, le monde ne serait-il pas encore soumis à la servitude enchainée des colonisateurs? Pourtant, certains historiens haïtiens semblent appuyer l'idée que Dessalines était un tueur de « blancs » ; sans tenir compte du fait que Polonais et Allemands, comme les Africains, étaient devenus eux aussi citoyens haïtiens en Haïti, suite à la révolution de 1791-1803.

Le temps n'est-il pas venu pour que ceux qui se disent historiens, en Haïti, pensent à consulter d'autres documents qui leur permettront de rédiger une « Histoire d'Haïti » qui puisse affranchir l'Haïtien?

Réf : Face à Face autour de l'Identité Haïtienne, p.8 ; 71 ; 78 - Hervé Fanini-Lemoine

M L
Bonne conclusion.

G E D
Je ne suis pas à même de mesurer l'impact que peut avoir l'histoire d'Haïti sur l'Haïtien en général, je laisse le soin aux spécialistes de répondre. Toutefois, L'Haïtien a besoin d'être affranchi, transcendant ses difficultés afin de retrouver cette liberté pour s'épanouir pleinement.

G-E F
Bonjour Hervé. Une autre question d'examen, émanant de tes écluses. Je pense que la réparation du cerveau haïtien exigerait une considération clinique individuelle, consommatrice d'un temps indisponible. Cependant, pour se livrer à un processus de réhabilitation du cerveau haïtien, il faudrait en faire la sociologie de sa mentalité, laquelle est souvent suicidaire. Je me range à côté de Gloria en attendant le verdict des spécialistes sur cette question d'affaires importantes.
     Hervé, fier que tu sois toujours sur la balle.

H F-L
Très bien dit, Gloria et Guy ! Une autre question peut sortir en vous lisant: existe-t-il des scientistes haïtiens qui peuvent s'aventurer à nous éclairer ?

L B
De nouvelles conditions de vie, de nouveaux « Hommes » ; changer de panorama... !

R B
On peut étudier le cerveau haïtien. Guy a raison, et toi aussi, Hervé. Il ne s'agit pas du cerveau en fait, il est composé de neurones de synapses et d'enzyme. Il s'agit surtout du « mind » à défaut de l'esprit qui renvoie à un état plus complexe. Il existe déjà plusieurs méthodes pour aborder le travail.

Durant ma formation dans des monastères Budéistes à Vancouver, Thaïlande et Taiwan, j'ai exploré ces méthodes et je suis conscient du labeur que cela demande, mais cela est possible.

M A T
Ayant connu les pires souffrances et les humiliations les plus cruelles dans sa mémoire collective, il est nécessaire de donner enfin à ce peuple un soutien décent, loin des chantages et des illusions des faux amis, pour qu'il ait confiance.

Donnez à l'Haïtien l'eau potable, les soins hospitaliers, l'éducation, l'éradication de la malaria et du Paludisme, des gouvernants responsables, et surtout stimulez son sentiment d'appartenance en lui conférant une certaine sécurité dans la Cité et vous serez étonné de constater les changements sociaux chez ce peuple hautement cultivé.

Vous intellectuels soyez tolérants, nos jeunes cerveaux captent très vite les informations offertes par l'Occident. Nous avons actuellement des surdoués qui cherchent désespérément des bourses d'études. Un cas en ma possession venant d'un milieu déshérité, Julien, dont la plus mauvaise note est un 90/100 pour les deux Bac-calauréats.

Il ne manque rien à notre cerveau qu'un peu de compréhension et une assistance correcte et dans la dignité pour que ce peuple se réveille et qu'Haïti redevienne la Perle. Il existe de bons et de médiocres partout dans le monde. Haïti n'a pas le monopole de la bêtise. Soyons fiers de faire partie d'un peuple qui a étonné une fois de plus le monde par son humanisme. Respect.

H F-L
@ Alice - Tu parles du cœur, et c'est adorable. Le travail que tu fais est formidable et j'ai beaucoup d'estime pour toi. Par contre, l'un n'empêche l'autre. Je pense que par les idées, un peu partout, aujourd'hui, nous permettrons

de mieux préparer les adultes de demain ; ainsi, l'on réfléchira sur nos actions irréfléchies.

M A T
@ Hervé - En effet, je parle du cœur et j'ai toujours agi avec ma tête et mon cœur quand il s'agit de mon peuple. Adorable peut être péjoratif ou un peu enfantin, mais ton opinion est acceptée.

Quant à moi, je suis à me battre sur le terrain et la lutte de tous les jours se base sur la dignité à respecter et l'effort à fournir pour que les Haïtiens ne soient pas considérés comme des malades que l'on soigne sans vouloir qu'il sorte de l'hôpital.

Nous ne sommes en rien moins que les autres. Nous comptons, malgré l'analphabétisme, le taux le plus élevé d'écrivains valables et publiés dans la Caraïbe. J'accepte toutes les critiques, mais je suggère qu'elles soient accompagnées de suggestions rationnelles et variables pour Haïti. Je ne m'inquiète pas beaucoup pour les adultes de demain, car les jeunes font montre d'un Nationalisme que notre génération n'a pas prôné, malheureusement. D'où la nécessite, pour nous, de parler d'avantage de nos Héros, et de ceux-là qui brillent par leur intelligence à l'étranger. Respect.

H F-L
D'accord Alice.

J C J
Hervé, Mr. Lorimer Denis fut le professeur d'histoire de mon père. Parlant du vodou, voici ce qu'il eut à dire dans sa conclusion d'une conférence prononcée à la Mairie de Port-au-Prince : « Une telle religion ne devait pas avoir la vertu de provoquer votre sourire, car elle représente cette mystique dont le dynamisme enfanta 1804. »

Thank you so much for sharing Hervé!

M A T
Ton livre est-il en Haïti, si oui, où ?

H F-L
Pas encore Alice, mais bientôt à « La Pléiade »

M A T
Puis-je suggérer que tu en mettes aussi à la librairie Deschamps qui s'appelle « J'Imagine » ; elle est très fréquentée.

H F-L
Merci Alice, je ferai le nécessaire.

A P Jr
Je crois que tous les acteurs et artisans de notre indépendance ont œuvré à l'œuvre de 1804 parce qu'ils étaient des rebelles, de vrais « Nèg Mawon » qui refusaient farouchement l'inégalité sociale que prônait le système colonial d'alors. Dessalines avait compris la nécessité de solidifier dans le bronze du réel le lien indéfectible qui existe entre ces frères de sang qui pourraient s'entredéchirer à cause de certaines fausses valeurs prônées par des théories ethnologiques erronées basées sur le degré de sang blanc qui circule dans nos veines. Évidemment, plus ce taux était élevé plus le détenteur de ce privilège se sentait un héritier légitime du système post colonial. Jean Jacques 1er multipliât les initiatives pour les intégrer parce qu'il était convaincu qu'il n'y avait pas d'avenir pour ce pays sans un engagement collectif de tous ses fils.

Pour comprendre le massacre des Français, il faut se placer dans le contexte politique international de l'époque. Cet acte politique avait pour but, entre autres, d'envoyer un message clair à l'ancien occupant, en l'occurrence la France, pour le dissuader de toute idée de reconquête. Nous ne pouvons pas lire l'histoire à travers un prisme d'éthique et de moral quand il s'agit d'un événement aussi capital du premier gouvernement de cette jeune nation d'alors.

Dessalines n'est pas mon héros préféré, mais il faut lui rendre justice. Malgré toutes les carences et faiblesses de l'individu, il demeure le père fondateur de notre pays et fit de son mieux pour mener à bon port cette jeune nation qui naquit d'une vingtaine d'années de luttes sanglantes, de sacrifices inestimables et de pertes considérables.

Si vous faites l'autopsie du cerveau d'un Haïtien et de celui d'un Français ou d'un Américain, vous ne verrez aucune différenciation physique ou structurelle. L'anatomie de l'être humain est de préférence une donnée constante à travers les races. Les mutations pourraient se faire sur de longues périodes (million d'années). Il n'y a pas lieu de réparer quoi que ce soit dans le cerveau de l'Haïtien. Nos dilemmes sont ceux de tout peuple qui véhicule un taux d'analphabétisme élevé, une incapacité chronique à appréhender la modernité couplée par des préjugés mes-quins hérités de l'ordre colonial. Des études comparatives de sociétés dites avancées, avec données statistiques à l'appui, ont prouvé que les sociétés suscitées ont enregistré des progrès fulgurants à tous les niveaux quand tous les jeunes de 18 à 25 ans savaient lire et écrire dans leur langue véhiculaire. La question maintenant est de savoir comment opérer ce miracle dans un pays où il y a non seulement autant d'analphabètes, mais aussi un taux impressionnant d'analphabètes fonctionnels aux timons des affaires. C'est sur cette réflexion que je me retire.

H F-L
Mon cher Alphonse, je te remercie pour l'intervention. Votre analyse est bien fondée et j'apprécie la justesse de tes propos. En toute considération, si je comprends, l'échec actuel de notre société est donc dû à notre système d'éducation !

M A T
D'où la nécessité de parler aux jeunes de nos modèles.
Offrons la scolarisation à la majorité. Il est temps de
revenir avec un livre d'instruction civique et morale dans
les écoles. Ne pas avoir honte de notre identité. Offrir une
grammaire et un vocabulaire correct à la langue créole.
Rouvrir les espaces de partage et de réflexion. Pouvoir
exprimer publiquement une analyse de situation subie ou
d'avenir majeure, sans avoir peur de payer de sa vie
l'affirmation de ses convictions. D'accepter nos différences, notre intelligentsia brille à l'extérieur, nos ouvriers
sont compétents et respectés ailleurs. Que nous manque-
t-il donc pour que se refasse la *konbit* menant à la force
dans l'Union ? Serait-il l'estime de sois et des autres ? Si
oui, il faut des séminaires de formation pour nos
professeurs d'école. La France nous a offert cette opportunité, notre gouvernement n'a pas encore entrepris les
démarches nécessaires, à ma connaissance.
    Il a toujours suffi d'une minorité pour que se
produise un changement dans une société. Point n'est
besoin d'être un intellectuel. Oublions le qualificatif de
héros pour ne voir que l'homme progressiste. Nous avons
l'exemple de Dessalines, d'Henry Christophe, d'Antoine
Simon. Je regrette toujours de n'avoir pas connu l'époque
de Dumarsais Estimé et de Paul Magloire. Mais pourquoi
vivre de regrets !
    Nous pouvons construire. Il suffit d'aimer Haïti et
de se retrousser les manches. Certains ministres ont sur
leurs bureaux des dossiers en souffrance qui n'attendent
qu'une signature pour l'octroi d'un terrain à fin que ceux
qui veulent aider puissent physiquement mettre en place
les promesses faites. Par exemple, le président Lulla
attend dans ce qu'il appelle une urgence, le bon vouloir
d'un ministre. Et le peuple est la qui attend et ne se réveille pas encore. Qui a-t-il dans son cerveau, rien qu'il
faille changer sinon cette souffrance latente qui ne lâche
jamais. Hervé dit que je parle du cœur, sans le cœur on
ne peut pas sauver Haïti.

A V

Merci Hervé, je vais le partager aussi avec beaucoup plus de gens. A+++

A P Jr

En effet, Hervé, l'instruction est fondamentale au développement d'un pays. On utilise souvent la métaphore « La civilisation de l'écriture » pour désigner les sociétés dites modernes (entend ici sociétés dotées de structures). Il va sans dire qu'il est capital de savoir lire et écrire pour vivre d'une manière pleine et entière dans ces pays. Les propos de Marie Alice sur le civisme sont justes. Il faut la restauration de certaines matières qui ont disparu du curriculum de l'Education National pour redonner un sens d'appartenance à l'enfant haïtien et lui inculquer les valeurs du civisme et de l'amour de son pays.

Mais encore, le plus important à mon avis est de développer un sens infini de l'intérêt collectif dont l'absence est à l'origine des commotions sociopolitiques de l'après-Duvalier et de la grande débâcle des années 90. Comment y arriver ?

L'histoire de notre pays jusqu'à nos jours est jonchée d'événements malheureux qui illustrent piteusement l'absence de cet élément central de nos processus politiques. Le tout premier fut l'acte du général Gérin quand il tira la première balle qui déclencha la rafale qui emporta le premier empereur. Cet acte ouvra la première brèche, instituant l'assassinat d'un chef d'État comme un moyen légitime de changer de régime. Le résultat fut la scission du nord et de l'ouest et plus tard une suite de gouvernements provisoires jusqu'à l'avènement de JP Boyer. Avec le complot visant à assassiner Jacques 1er, nous avons ouvert la boite de pandore exposant ce jeune pays à toutes les vicissitudes et les troubles qui suivront. De nos jours, peu de choses ont changé. Les méthodes sont les mêmes ou presque. Notre seul espoir reste l'éducation, rien que l'éducation, encore l'éducation. Les questions suivantes me sont venues et je me permets de les partager avec vous.

•Comment procéder pour mettre en place un plan de long terme visant les résultats mentionnés dans ma première intervention ?

•Comment faire comprendre à tout un chacun qu'une contradiction peut être féconde quand elle se résout dans le dialogue dans un système où l'intérêt collectif prime ?

•Comment libérer l'État qui est pris en otage; étant donné qu'il est livré à un système de bandes et de clans prêts à tout pour conserver leur privilège et avantage ?

•Comment vaincre la force d'inertie qui résulte de l'attitude sanguinaire et irrationnelle de nos dirigeants dont les actes découragent l'engagement politique et le devoir citoyen si vitaux à la démocratie?

•Comment faire comprendre à nos parlementaires la noblesse de leur fonction et que cette institution n'est pas une vache à lait ?

•Comment changer les attitudes condescendantes et désuètes de classes héritées d'un système vieux de plus de 200 ans ?

*Pour comprendre cette situation sociopolitique complexe,
il faut se résigner à faire de nombreuses considérations
sur la composition du statu quo et les acteurs
prépondérants de l'échiquier politique actuel. Il y a des
problématiques spécifiques de la conjoncture qui sont de
nature traditionnelle sinon historique.*

Frantz-Antoine Leconte, PhD

15-

LE VRAI PROBLÈME

On frise déjà le moment des invectives, on étale la culture dans des phrases vides, en attendant de se rallier quelques alliés. On fera bientôt échantillonnage de documents jaunis par les ans, sans vraiment aborder le vrai sujet, celui de la condition de l'homme haïtien en général, comme si les politiciens traditionnels n'avaient pas échoués. On fait à toute envolée la satire d'une société diagnostiquée à juste titre de bovarysme, qui se cherche depuis deux cents ans, qui a nié sa culture, rejeté partiellement sa langue, sans totalement réussir à se renier. On a beau essayer de fuir notre réalité elle nous poursuit dans nos moindres repères. Ce sont les récidives de l'histoire.

Haïti ne subsistera pas sans une alliance réelle et sincère entre ses deux secteurs prédominants, ses deux bourgeoisies. Sa grande et sa petite bourgeoisie, en l'occurrence la bourgeoisie des villes et la paysannerie qui est, dans le respect des définitions une petite bourgeoisie. Point besoin d'une analyse sociologique poussée pour se rendre compte des similitudes entre ses deux catégories, toutes deux possédant terrain et maison et ayant été élevées dans le respect des préceptes et principes de leur environnement respectifs. Elles sont toutes deux des classes où le travail est privilégié, le vol banni, et elles sont plus ou moins habituées au respect des règles. L'histoire, les tabous et les modèles de vies adoptés par la classe dominante a tôt fait de creuser le fossé entre ses deux strates, l'une vivant sur le modèle européen et français, l'autre selon le mode de vie tribale et ancestrale d'Afrique, mais Dieu soit loué que « l'Haïtiannité » et l'amour de la patrie, qui à fort heureusement perduré malgré les affres du temps chez ces deux groupes, offrent des ponts de solutions plus que satisfaisantes.

Bien que timidement ostensible, elle est profondément ancrée dans les mœurs. Que ce soit sous les formes de gouts et d'expressions culinaires, sur celle de la prévalence ou de l'existence d'un accent de couleur locale dans les décorations de maison ; de l'apport dynamique et esthétique des arts picturaux, du littéraire, on sent que « l'Haïtiannité » a repris une place de choix dans les mœurs. La musique, particulièrement la musique racine, a eu un impact majeur dans cette mutation ou ce changement de conception. Quand je pense qu'un célèbre ministre disait ceci, et je cite : « La culture n'est pas un facteur de développement. » Je réponds : la culture c'est nous, et, sans nous comprendre comment nous développer.

Comment bâtir un plan de développement sans prendre en compte ses acteurs et vecteurs principaux, les gens ? Malgré un manque réel d'archives, nous serions peut-être étonnés de constater que bon nombre de paysans sont des descendants de soldats et d'officiers de l'armée indigène, la grande, la vraie. Il n'y a pas tradition d'agression, mais de discordes entre ces deux bourgeoisies, basées sur le rejet d'acceptation de leurs ressemblances et de leurs différences, ou de leur identité. Rien d'irréparable par contre, parce que l'ironie du sort, elles sont toutes deux maintenues en otages et menacés par les cellules du pouvoir depuis vingt ans. Elles sont toutes deux en tant que possédantes dans le collimateur direct des fauteurs de troubles, à la solde du pouvoir. Les éléments de développement réel sont là devant nous, mais une pléthore de politiciens sentant l'avantage de diviser ces deux classes a exploité les distorsions de communication entre ces deux catégories pour semer le germe de la division et de la haine. Ceci, pour servir leur propre cause, cet insatiable appétit vorace de s'enrichir en bénéficiant de cette situation.

Le constat est que tous ceux qui prétendaient faire résonner le lambi de l'union ou de l'unité, ne le faisait que pour rallier un électorat capable de les propulser au pouvoir. Paradoxalement, ce clientélisme s'est développé chez la majorité des leaders dits populistes et populaires. Combien d'entre eux ont connu ou connaissent des exils dorés à coups de millions amassés sur le dos du peuple qu'il prétendait défendre. Jamais l'histoire n'a vu de magots amassés en si peu de temps. Ces manœuvres orchestrées avec une dextérité peu commune ont créé une classe de nantis aux portefeuilles bien juteux. Le PN du sigle palais national, a très vite été remplacé par le PN du pour nous, et les caisses de l'état ce sont vite transformées en jarres à joyaux pour nos dirigeants.

Arrêtons le massacre de notre souveraineté et de notre dignité de peuple, mettons un frein à ce stratagème, adressons nos vrais problèmes qui sont beaucoup plus simples que nous le croyons. Voyons et pensons pays, développons nos ressources, rendons l'instruction et l'accès à la connaissance ouvert à tous sur toute l'étendue du territoire, scellons l'alliance entre les secteurs sains de notre pays. Cela ne prendra que 13 ans pour changer le panorama politique.

L'armée indigène a réuni deux types d'hommes autour de principe et de préceptes, pour un but commun : l'Indépendance. Nous sommes les fils et filles de ces deux groupes sociaux. Unissons-nous et enrôlons-nous dans une nouvelle armée. Une armée sans arme, ou plutôt, sans autres armes que celle de notre volonté de développer notre pays pour offrir à ces fils et filles un autre lendemain. C'est vrai, les beaux discours font légion, j'en conviens et j'en entends. Mais quand ils prennent corps ou sonnent le lambi du rassemblement autour de gens en déficit sérieux de crédibilité et de moralité, je me cherche très vite un antiallergique, car je souffre d'une intolérance chronique à la magouille. A bon entendeur salut ! Haïti d'abord !

Hans PETERS

C E D
@ Hans - J'ai réfléchi sur la question haïtienne de long en large, mais je me suis toujours refusé de l'aborder en terme de classes pour ne pas tomber dans le piège dichotomique « noirisme /mulatrisme », qui est en réalité un « faux problème. » Partout les Hommes sont pareils. Mais, je n'avais jamais pensé à une alliance entre les classes détenteurs des moyens de production, quelle soit paysanne ou citadine qui, à mon avis, soit une idée qui vaille la peine d'approfondir et de voir comment réaliser une telle alliance. Avec des institutions quasiment inexistantes et une classe politique corrompue et dépassée, on ne peut plus se payer le luxe de laisser le clientélisme (qui est surtout du « crétinisme ») de retourner au pourvoir à fin de faire beaucoup plus de mal au pays. Entretemps, je vais analyser les contours d'une telle alliance qui me semble à première vue possible, parce qu'elle a déjà accouché l'épopée de 1804. L'histoire se répète toujours. Patriotiquement votre !

Y F
@ Charles - J'ai lu le texte et je partage volontiers certains de tes points de vue. A priori, je n'ai pas toutefois observé l'évocation des deux classes en rapport à la question de couleur. L'auteur a abordé le sujet sous un autre angle, qui ne sous-entend pas précisément une dichotomie noir-mulâtre. Si la question est insinuée, je ne l'ai pas appréhendée comme telle.

Je serais de préférence tentée de croire qu'il parle d'une société haïtienne compartimentée en grande bourgeoisie, celle industrialisée, et en petite, notamment agricole, et celle des grands planteurs terriens.

H P
Merci Yanick de le souligner. Je parle des grands et des petits planteurs. Haïti ayant la particularité où en général, le paysan est propriétaire de son propre lopin de terre et de sa maison qu'elle soit en bois, en paille, ou autre, elle lui appartient en propre. Malheureusement les partages

successoraux se faisant à l'amiable, où très souvent les familles restent dans un indivis de fait, alors que chacun connaît sa propre surface sans en détenir de manière formelle des titres. Dans une structure normale, il aurait pu, entre autres, l'hypothéquer où la donner en garantie sur un prêt au lieu d'emprunter à taux usuraire sur le marché parallèle où très souvent il est soumis à l'implacable vente à réméré. Toujours le spectre des deux mondes ; le pays en dehors comme on l'appelle, à un tas de notions aberrantes appelées à disparaître avec une vision moderne des choses.

Ps : merci aussi de me donner l'occasion de préciser ma pensée.

H T
En effet, « *tocay* », cette alliance est possible et même souhaitable. Cependant, elle devrait aussi commencer é l'école. C'est là que ces deux classes devraient apprendre à discuter et dialoguer. Malheureusement, mais notre système éducatif ne crée pas cette possibilité. Les uns ne rencontrent les autres que très rarement, et il n'y a pas beaucoup de cercles où ils se pratiquent à part les évènements culturels tels que le Carnaval ou le football.
Pour moi, la solution est en plus spatiale, il s'agit de réaménager l'espace haïtien, les villes et villages haïtiens, pour favoriser l'émergence d'un nouveau type de société et de cette classe moyenne qui devrait être le moteur de notre croissance, comme dans tout pays productif qui fonctionne normalement.

Y F
@ Hans - Merci de ce beau texte ! Cela a très bien ébauché la question de culture. En effet, nous en portons les stigmates et aujourd'hui encore nous sommes à la recherche de notre identité culturelle. Cependant, l'impérialisme, malgré la guerre de l'Indépendance, a su conserver bien vivants en nous, ses tentacules de vampire et

ne nous a point permis ce sevrage, ce déracinement drastique des ancrages du colonialisme.

La dualité Afrique-Europe est viscérale, et se métamorphose lentement en amerloque tant par la proximité, l'importation des denrées et mœurs américaines que par les périodes antérieures et aujourd'hui encore de tutelle des États-Unis.

Ta proposition est séduisante, en ce qui a trait à une union de ces deux entités vitales de la production nationale. Je crois qu'elle est viable tant et aussi longtemps qu'elle resterait et demeurerait le moteur de l'éco-nomie territoriale haïtienne. Mais j'anticipe déjà les griffes de Satan, l'ingérence du pouvoir politique, qui devrait en toute décence, collaborer dans le meilleur effort de reconstruction, de restructuration et de développement du pays.

Financer les projets de grande envergure du secteur agronomique, actualiser, pour te répéter, le registre cadastral, accorder des exemptions douanières pour la commande de matériel agricole lourd, promouvoir la main-d'œuvre rurale par la création d'emplois et parallèlement, fortifier le domaine industriel en accord avec les lois et codes du travail ne serait qu'un exemple des programmes politiques d'un gouvernement progressiste.

« Haïti d'abord » devrait être le leitmotiv, le tocsin du lambi pour le ralliement de cette unité, « sans autres armes que celle de notre volonté de développer notre pays » et rendre pérenne notre postérité !!

H P
Yannick, j'aime beaucoup ton résumé et sa véracité est inattaquable. Elle remonte le temps et les circonstances. Gardons l'espoir que cette alliance aura lieu. A mon entendement, elle seule peut encore sauver Haïti. Cette terre a trop souffert. Si par surcroit une telle campagne est accompagnée du pain de l'instruction et de la connaissance, le monde sera étonné de la capacité de ce petit peuple. Nous avons été ostracisés au nom de la honte de l'occident d'avoir perdu bataille devant des gens

qu'ils ont pris plus de 5 siècles à considérer pour des humains à part entière. Serrons-nous les coudes, car la route ne sera pas facile. Mais pour un peuple habitué aux vicissitudes de la vie, je suis convaincu que l'on y arrivera.

H P
@ Hans T - Il n'y a pas de clivage réel Hans. Avec un accès à la connaissance réel, la communication va s'établir d'elle-même autour de l'amour que nous avons tous pour ce coin de terre. Il faudra assurer à la classe paysanne les moyens de produire parallèlement à tout cela. En aval, par contre, une telle intervention sera nécessaire pour raffermir les liens et aller plus loin.

H T
En fait, la communication est un maître mot, j'œuvre beaucoup pour l'ouverture des frontières de nos télécommunications pour que tous nos citoyens puissent avoir accès à plus de connaissances. Avec ça en plus, ton parie est en effet possible.

F V
En ce qui a trait à la communication entre ces deux classes, nous avons pu constater à travers l'histoire, qu'elle a été belle et bien existée entre nos paysans agriculteurs et nos grands exportateurs de l'époque. Ensuite, nous avons vu le résultat de la communication entre le prolétariat et la classe des haitiannos-arabes. C'est de cela qu'ils ont fait leur beurre.

@ Mr Hans T - En tant qu'ex-technicien de la douane, je peux vous assurer que cette exemption pour les engins agricoles a toujours existé dans notre tarif douanier. Ce qui nous manque ce sont des investisseurs haïtiens qui jugent ambivalente cette initiative. En temps actuel, nous ne pouvons laisser l'agriculture entre les mains des paysans. Ce serait une absurdité. Nous devons les proposer ceux que les Américains ont tentés de faire à l'époque de l'occupation : de transformer les lopins de terre en grandes surfaces pour des mégas-productions dans un actionnariat avec les paysans qui ont cédé leurs terres à cette tâche. L'état ou le gouvernement sera là en tant qu'arbitre pour faciliter le dynamisme du projet et les profits, tout en contingentant nos produits nationaux pour abolir le dumping des marchés internationaux. En ce sens, nous devons relancer notre industrie nationale pour pâlir au dumping social de la sous-traitance. Et, il reviendrait à l'état de stopper la taxation verticale à la déchéance de nos aspirants commerçants de la classe moyenne, du prolétariat et de la diaspora. Si nous voulons que notre pays soit prospère, nous devons donner l'opportunité à tout le monde.

H P
Respect, Franckie. Je vous invite à revisiter ma note. La détaxation des machines agricoles est un élément intéressant, cependant, pas besoin de partir en guerre. Je parle d'une approche moderne, pas de l'application aveugle de l'approche faite sur d'autres territoires sans tenir compte de nos particularités de peuple. Vous évoquez le principe des latifundia, j'en propose une réinvention sous forme de coopération entre des gens qui ont d'ailleurs des liens de parenté en ce qui a trait aux propriétés limitrophes, puisque la fragmentation des grandes propriétés initiales s'est faite par partage successoral de facto. Dans la vallée de l'Artibonite, les champs et parcelles sont labourés sans qu'il y ait de problèmes. Toute forme de dépossession du paysan amènerait à une catastrophe pire que celle que ce pays est en train de vivre. Nous ne sommes plus au temps ou l'information ne circule pas. Croyez-vous qu'un paysan ne sache pas à combien tel type de denrée se vend en ville ? En l'assistant avec des prêts, style BNDAI, on double sa production, pour le moindre, on renforce donc son pouvoir d'achat, moyen par lequel il résoudra certainement ses moyens de distribution.

H P

Oh oh Franckie, je ne t'ai pas reconnu! Cette photo te rend trop sévère

F V

C'est bien moi Hansy. Comment ça va, cher frère. Mon cher, j'ai pris du plaisir à parcourir tes écrits. Je suis d'accord en partie avec toi. Mais, as-tu une solution pour résoudre l'antagonisme qui existe depuis des générations dans la famille paysanne causée par des successions de facto, des testaments verbaux et des titres de propriété qui n'ont jamais été mis à jour depuis deux siècles ? Deuxièmement, comment vont-ils résister au dumping des pays en puissance ? Ensuite, je pense que cette petite bourgeoisie a été anéantie depuis l'échec de notre exportation. Ces paysans ont été les premiers à prendre l'exode à l'étranger, dans les années 30 à Cuba et les *bateys* de Santo-Domingo ; les années 50 à Nassau, Bahamas ; et de 1970 à 1980, le boat-people à destination de Miami, Floride. Il a été déchu comme une grande partie de la grande bourgeoisie représentée par les mulâtres haïtiens. Peut-être, ils ont été dirigés versla devise étrangère.

Les gens qui mènent le jeu à Port-au-Prince ou qui font partie de la bourgeoisie actuelle sont les Haïtiens descendants des familles venues d'Europe et du Moyen-Orient. Regardez les noms de nos différentes rues de Pétion Ville, de Bas-Peu-de-Choses et de Turgeau, tous des quartiers d'antan. On ne les voit pas parmi les grands actionnaires des banques des industriels des grands commerçants. Cette classe en grande partie a émigré aussi à l'étranger, depuis les années 50, jusqu'à nos jours.

Entre autres, Hansy, tu n'as pas reproduit l'album de Pirogue. J'aimerais bien avoir ses morceaux ainsi que la musique que tu avais composée en mémoire de Frantz Dulyx. A Tantôt mon frère.

H P

Franky ! Tout est dit ; tout est là ; regarde le texte et les commentaires successifs !

H J-L

Beau texte ! Mais pourquoi ne pas traduire en créole pour tout un chacun. Comme ça, c'est écrit pour un groupe très petit, pour un groupe de gens ayant accès à un dictionnaire.

H T

Franck, j'aime beaucoup ton approche et ton questionnement. En fait, le grand problème, je dirais, est d'avoir de la patience pour travailler à réaliser ce que vous proposez toi et Hansy. A mon sens, il faut commen-cer d'abord par demander un investissement constant dans le social et dans le renforcement des associations. Les entrepreneurs de la grande bourgeoisie, s'ils avaient avantage à investir et choisir une zone de prédilection pour le développement d'une denrée, le feraient peut-être. Mais n'oublie pas la difficulté de s'associer et de gérer les choses d'argent en groupe en Haïti. C'est toute la culture des organisations à changer, et ce n'est pas facile. Car nous ne savons pas nous mettre ensemble pour un idéal. En plus, pour créer la richesse aujourd'hui, il nous faut une injection de connaissances massive, car c'est de là que sortent les idées. Cependant, nous savons que notre système éducatif est défaillant à tous les niveaux. Donc, d'où va sortir la valeur ajoutée, apportée par la connaissance ? D'abord, Il faut commencer par créer ces centres de transferts de la connaissance, et à mon avis, ceci peut se faire à travers la création d'écoles secondaires professionnelles et techniques, ce pour mieux former notre jeunesse et la mettre au travail rapidement. C'est en travaillant et en continuant à être lié à un système de formation continue que nous verrons l'émergence d'entreprises. C'est un long processus. Et il faut beaucoup de patience et d'énergie pour réaliser ce travail à long terme et avec le sens de la continuité. C'est là que je me demande si nous allons trouver assez d'apôtres pour réaliser ce travail, et assez d'entrepreneurs des bourgeoisies ayant cette patience ?

H P

@ Hans T et à Franck - J'ai bien pris le soin de dire à Franck de relire afin d'éviter un « *voye monte* » tel que l'on en pratique trop souvent chez nous. Je ne vais pas aller par quatre chemins. Puisque vous insistez, je vais essayer d'être bref et succinct dans ce qui prendrait tout un livre à étayer. Les faits et données sont accessibles et ils parlent d'eux même.

1.-Dire que la thèse de Frank tient debout, c'est dire que nos campagnes sont vides ; c'est admettre que tout le monde a pris la poudre d'escampette. Sur les lieux, ce n'est pas du tout ce que je vois ou que j'ai constaté pendant ces cinq dernières années où je me suis donné le plaisir de faire le tour d'Haïti du Nord au Sud et de l'Est à l'Ouest.

2.- Concernant les titres de propriété et la résolution du problème, j'ai proposé 3 types de solutions :

a)Tout titre est enregistré chez un notaire, et, à fortiori, aux services des contributions de la zone (section foncière).

b) Principe juridique : La possession vaut titre - Petite prescription (10   ans)   grande   (20 ans).

c) Code rural : Principe - la terre appartient à celui qui la cultive.

3.- Si la bourgeoisie haïtienne se résolvait à 9 familles en allant dans le sens de ce que dit Franck ce serait très vite le massacre. Restons dans la logique et dans les faits. Nous parlons d'une catégorie sociale.

4.- Connaissance : Un ordinateur, ou l'accès à un ; 565 antennes satellites dans 565 sections communales ; des panneaux solaires pour l'énergie ; « *inverter* » et petites génératrices comme sauvegarde ; 2,260 moniteurs dont, aucuns frais à payer pour les enfants ; rendez-vous dans treize ans ! Le financement, on le trouve à l'extérieur. Je vous invite à contacter Madame Gina HORTANCE qui est l'initiatrice d'un projet appelé HAITI ÉCOLE, qui se fera le plaisir de vous entretenir de l'approche à ce niveau.

Je me tiens à votre disposition pour toute consultation à ce sujet.

H P
Ah ! J'allais oublier Hans T. Pour le financement agricole, il existait sous Duvalier une Banque appelée la BNDAI - Banque Nationale et de Développement agricole et industriel-, pas besoin de réinventé la roue, tu peux prendre en référence les indices de production agricole de l'époque, ils parlent d'eux même. Rien de compliqué il suffit juste de bonne volonté.

F V
@ Hansy - Quand tu avances une thèse, tu dois t'attendre que tout le monde ne partage pas ton opinion, ton texte est très éloquent. Par contre, il y a des données incohérentes, et peut-être, tu ne t'es pas rendu compte. J'aperçois que tu es un peu émotionnel dans tes réponses d'interventions. Tu dépasses la limite de mes remarques. Je n'ai jamais dit que nos campagnes sont vides ni de neuf familles qui mènent les jeux à Port-au-Prince. Ce serait purement de la mafia haïtienne ! Pourtant, je n'étais pas diffus dans mes notes. Je n'ai fait que relater des faits flagrants de notre société.

L'effondrement de notre petite bourgeoisie qui est réduit à manger de la boue et une partie de la grande bourgeoisie qui n'arrive plus à tenir les deux bouts, ce n'est pas du *VOYE MONTE*. Les faits sont justifiables. Ce n'est pourtant pas le secret des dieux. Tout le monde peut faire la recherche. Je te recommanderais de regarder un documentaire appelé « FOOD INC. » Les données ont changé. On ne peut pas se permettre d'appliquer des méthodes de jadis, des Duvalier à nos jours. Ce serait de se leurrer. En ce qui a trait au projet d'informatiser la campagne, à mon humble avis, avant d'entrer dans les logistiques, il y a des trucs plus structurels et fondamentaux à résoudre ; comme la famine le chômage. Respect frère !

C E D
@ Hans P - Je m'excuse d'avoir mal interprété ta pensée. C'est ce qu'on appelle terminologie et perception. On peut lire la même chose et l'interpréter de façons différentes. Mais l'idée est bonne. Pour ma part, j'ajouterais la diaspora. Ce sera une sorte de triangulation. Elle est très bien formée et elle dispose aussi de moyens financiers, la valeur dont Hans T. faisait allusion. Quelques amis sur FB et moi sommes en train de monter, avec un corps de volontaire composé de professionnels de tout genre, une association dont le but sera d'aider le pays à sortir de ce marasme. Au lieu de payer les « experts », on pourrait utiliser les cerveaux de la diaspora pour aider à la formation des cadres, monter et gérer les petites et moyennes entreprises. J'ai récemment visité le Sud du pays là où l'on parle de misère et je n'ai pas mal d'opportunités surtout dans l'agro-industrie, la pêcherie, les essences aromatiques et l'artisanat. Entre autres, il nous faut la sécurité et un service de douane fonctionnelle. Le reste appartient à la créativité du peuple haïtien.

H P
@ Franky - Je te cite : « Ces paysans ont été les pre-miers à prendre l'exode à l'étranger, dans les années 30 à Cuba et les *bateys* de Santo-Domingo ; les années 50 à Nassau, Bahamas ; et de 1970 à 1980, le boat-people à destination de Miami, Floride. »

2.- Ce n'est pas un leurre d'informatiser les campagnes en attendant de te soumettre une « *cotation* » en bonne et due forme. Une antenne parabolique ne coute pas une fortune comme des panneaux solaires achetés en gros sur le marché international. Je ne suis pas émotionnel du tout. Tu as le dois à tes opinions. Je m'attends seulement à ce qu'elle soit motivée avec une précision de scalpel. Pour ton information, le financement agricole existe partout, même chez nos voisins, en République Dominicaine. Il y a-t-il ou n'y a-t-il pas de paysans en Haïti à l'heure actuelle ? Sont-ils ou ne sont-ils pas propriétaires des terres qu'ils cultivent ?

H P
Aucun problème Charles, je ne m'en suis pas formalisé.

@ Franck- Ne résout-on pas le problème de famine en augmentant la production agricole en la finançant ? Nous ne parlons pas d'un pays qui ne peut pas produire. Ne parts-tu pas en extrapolation dangereuse quand tu dis et je te cite: « l'effondrement de notre petite bourgeoisie qui est réduite à manger de la boue » ?

... A te prendre au mot, Franck, ceci voudrait dire que tous les paysans sont actuellement en train de manger de la boue. Tes sources d'informations sont très différentes des miennes.

@Charles - J'applaudis ton initiative concernant le groupe d'expert du Dixième Département. Je pense que nous avons assez de compétences à l'extérieur auxquels nous devrions faire appel. Notre creuset d'intelligence et de savoir-faire est en prédilection notre dixième département, de manière quantitative et qualitative !

H F-L
« La culture n'est pas un facteur de développement. Je réponds, la culture c'est nous. Et sans nous comprendre, comment nous développer ? Comment bâtir un plan de développement sans prendre en compte ses acteurs et vecteurs principaux, les gens... » ? H. P.

En effet, Hans, tout ce qui nous reste c'est LA CULTURE ! Comment la définir à plus d'un ?

C E D

@ Hervé – C'est comme si tu lisais ma pensée. Voila ce que j'avais posté hier sur le mur de Patrick Cauvin: « l'art, c'est l'une des choses qu'ils ne peuvent nous ravir. C''est tout ce qui nous reste. » Parler de notre culture ! Mais, je dois ajouter, dans la Diaspora, on a une large variété de cerveau et cela, dans tous les domaines. Si la situation se stabilise, beaucoup de gens retourneront au pays.

Cette interview nous offre une décomposition en facteurs de l'élément linguistique agrégé sous le vocable de Créole, source de préjugés et de caractérisations péjoratives dans notre tissu social.

Guy Evens Ford

-16-

LE FRANÇAIS EST UN CRÉOLE ISSU DU LATIN

Écris par Nad Sivaramen, Boston, États-Unis 31 aout 2008

Alain Rey, père du dictionnaire Le Robert, le célèbre lexicologue, 79 ans, part en lutte contre les puristes et se félicite des métissages de la langue de Molière. Interview.

Q : Vous parlez du français comme d'une langue créole. Qu'entendez-vous par là ?

Alain Rey : C'est un créole issu du latin. Le latin s'est subdivisé en variantes qui ont évolué chacune dans leur sens, que ce soit en Hispanie, en Gaule ou en Italie, donnant ainsi lieu à une sorte de créolisation. La syntaxe a été tellement bousculée qu'il n'en reste presque rien. Le vocabulaire, en revanche, a été largement conservé. Ce qui est longtemps passé inaperçu, parce que ce vocabulaire n'était pas celui du latin classique. Par exemple, equus, qui donnera plus tard, au XVIe siècle, équidés, a été remplacé par caballus, d'où vient cheval.

Q : Ce latin qui a donné naissance au français est-il très différent de celui que l'on apprend au lycée ?

Il est assez différent, mais largement compréhensible quand on connaît le latin classique, disons celui de l'Empire. Il faut rappeler à ce propos que le latin est une langue très évolutive. On en a une idée fausse en disant « le » latin. Comme c'est le cas, d'ailleurs, quand on dit « le » français, et la remarque est valable pour la plupart des langues. À la limite, « le » chinois n'existe pas.

Q : Qu'est-ce qui fait, néanmoins, qu'une langue s'étend

et devient mondiale ? Cela tient-il à des spécificités des langues elles-mêmes ? Oui, ces spécificités peuvent jouer. Mais le facteur fondamental est politique, économique et militaire.

Texte publié dans le magazine Jeune Afrique - 22 octobre 2007 – propos recueillis par Dominique Mataillet et Renaud de Rochebrune.

G E D
Comme l'a fait remarquer l'auteur du texte, le français est représenté sur tous les continents. Senghor a su imposer le wolof et favoriser le français, pouvons-nous alors faire de même. Et puis, entre nous soit dit, il y a-t-il plus belle langue que le français après le créole et l'italien?

N T F
Tout à fait ! J'adore entendre le français, l'anglais et le créole, ils sont tous beaux à entendre, mais les écrire c'est autre chose. La langue maternelle de tous les Haïtiens est le *kreyòl*, j'ai appris le français et l'anglais à l'école; je suis fière de dire que je suis haïtienne. Maintenant quand on rejette sa mère, on est des bâtards. Il y a quelqu'un qui dit à Hervé « LE CRÉOLE NOUS EMMÈNE NULLE PART », celui-là, il est plus français que le français lui-même. Koun ye a, mwen fèk ap aprann ekri kreyòl, mwen kontan nèt. Mwen sot ekri on pakèt pwèm en franse paske se sa m vle. I love to speak and write all three languages. Amen.

L B
Une analyse originale qui présente le français comme un créole latin...
	Une manière implicite de dénoter une similitude dans l'émergence du créole et du français.

Présenter le français comme un créole latin est ténu, considérant l'émergence de la notion « créole » au 15ᵉ siècle. La langue française tient de l'évolution des pratiques langagières de diverses communautés sur plusieurs siècles, un contexte tout à différent des colonies. Le détournement de l'histoire même positivement est-il justifié ?

H F-L
Et le parler, Nancy! :) - Gloria, tu es adorable!

G-E F
Hervé je te remercie d'avoir partagé cette pièce ouvre l'oeil avec nous. Cette interview nous offre une décomposition en facteurs de l'élément linguistique agrégé sous le vocable de Créole, source de préjugés et de caractérisations péjoratives dans notre tissu social. Loin de vouloir prendre l'auteur à parti, je voudrais cependant souligner une mystification interprétative des dialectes africains. Alain Rey parle de « multiplicité de langues maternelles, spontanées » et renchérit avec un doute inflexible sur « l'avenir des langues véhiculaires ». À ce point-ci, je disconviens avec véhémence. Les langues africaines loin d'être spontanées, n'ont subi aucune forme de modifications à travers les âges. Elles sont plutôt des véhicules de communication tribale; elles ne sont d'aucune portée avant-gardiste en ce qu'elles subissent plutôt les intransigeances de la sociopolitique, puis elles caricaturent la problématique des classes, là où l'expression créole est taxée de langue rurale.

Ce qui m'édifie dans cette interview, c'est que Mr Rey nous induit à la repentance en présentant le Créole sous son vrai joug, à savoir: une pluralité dialectique au lieu d'une unité linguistique régionale. Merci encore Hervé. Ton frère, GEF!

M Z
Passionnant ; merci du partage.

H F-L

À moi de vous remercier Guy-Evens et tout un chacun d'avoir participé dans cette conversation. C'est un sujet ouvert qui porte à réfléchir et peut-être à reconsidérer son haitienneté. Entre autres, je suis très confortable à dire que je suis Haïtien et je parle l'haïtien !

Well, you may have missed the point Roland!
Bienvenue Mireille!
You're most welcome, Gladys

À P Jr

Étant des entités vivantes, les langues naissent, vivent et meurent. Il faut d'une part, souligner le caractère unique de ces « vies » qui sont grandement façonnées par de impactes politiques et socio-économiques. D'autre part, le processus de leur évolution implique des mutations profondes résultant d'interactions ethniques, linguistiques et commerciales. Le concept binaire (prince-poète) utilisé par l'auteur semble ici prendre toute son importance. Le poids de la politique est déterminant dans la direction des mutations suscitées et les écrivains contribuent largement à l'unité linguistique. Quant au devenir d'une langue, je crois qu'il faut se référer à l'histoire pour se rendre compte qu'elles sont toutes sujettes à la même logique : elles naissent, vivent, connaissent leurs heures de gloire, deviennent moins importantes, et parfois, disparaît complètement.

Il n'y a aucun doute que le créole, langue véhiculaire de tous les Haïtiens, est une langue à part entière. Nous sommes les héritiers d'une culture hybride résultant d'interactions sociolinguistiques séculaires avec le français, l'anglais et l'espagnol ; sans oublier le composant africain qui donne à cette culture un caractère unique. Aussi, il ne s'agit pas de choisir ce qui nous arrange, mais plutôt d'accepter cette multipolarité comme le carac-tère essentiel de notre originalité.

Superbe entrevue ; merci Hervé.

H F-L
Superbe point de vue Alphonse!

M J
Très passionnant. Merci Hervé.

H F-L
Juste pour savoir ce que pense un Français à propos de sa langue. Pas n'importe qui: celui qui nous dit comment bien écrire.

M A T
Je rejoins l'opinion de Guy-Evens Ford. Merci Hervé pour ce texte enrichissant. Bon bagay

H F-L
:) MAT

Obélisque Linguistique
« Si une langue est un monument dont les pierres ont été sculptées par un peuple donné qui seul a le droit de les modifier ou d'en sculpter d'autres, parler d'un butin de guerre, lorsqu'on garde la langue de l'ancien colon, équivaut à dire qu'on emporte avec soi un obélisque, par exemple. Tout ce qu'on peut faire alors c'est l'exposer en public pour glorifier sa victoire. »
                                    G Bissainte

P G
Une langue véhicule l'esprit d'un peuple. Je crois toutefois, du moins dans le contexte ou nous évoluons qu'elle est en même temps un instrument de communication auquel la majorité devrait avoir accès. Nos enfants vont a l'école et tout leur est enseigné dans une langue qu'ils ne maitrisent pas et à l'université les ouvra-

ges d'apprentissage sont rédiges en français. Notre grande erreur a été de faire de cette langue la classe gardée d'une minorité.

F M
@ Mr Gaspard -- Nous, de la « vieille école » avons été élevé parlant notre « patois » étudiant la langue qui nous a été donnée en héritage et, si non universelle est comprise par delà le monde. Notre patois est à nous, mais notre éducation est en fait compromis par ce dilemme : nos enfants essayent d'écrire une langue qui est, était et devrait rester seulement pour parler. Tout cela pour seulement vous dire que vous avez raison.

P G
Merci Flo ; mais je crois aussi que nous devons faire avancer cette langue que nous parlons tous.

M J
Nous n'avons jamais vécu en français, nous du pays, nous n'avons pas de niveaux de langue. Ceux qui l'ont appris qu'à l'école et qui le parlent comme le journal français « LE MONDE » renforce l'idée de cet obélisque dont parle le professeur Bissainthe. Ceux qui ont été chanceux d'avoir des parents parlant français, un très petit nombre, ont appris à mieux exposer cet « obélisque » avec un avantage sur la sémantique que les « *parcoeurman* » n'ont pas. En définitive, nous n'avons vécu qu'en créole, notre langue à nous et c'est dommage que ce butin de guerre, LE FRANÇAIS, ait été enseigné et vulgarisé dès le début comme une langue étrangère.

M J
Nous avons été à l'école et tout s'est passé comme si c'était notre langue à nous. Nous avons mémorisé sans comprendre. Nous avons répété que « nos ancêtres les GAULOIS avaient des yeux bleus. » Nous sommes

devenus ce que nous sommes et l'on s'étonne des RÉSULTATS !

P G

(rire) Je n'ai pas connu cette époque, mais ma mère m'en avait parlée beaucoup de nos compatriotes qui fonctionnent encore comme des magnétophones relayant sans discernement ce qu'ils n'ont pas conçu.
Ne t'étonne pas qu'un siècle plus tard Toussait Louverture soit présenté sous les traits d'un caucasien.

À S

Je crains que le même sort soit réservé à Michael Jackson.

M J

Monsieur Gaspard, si vous pensez que cette époque est révolue vous vous mettez le doigt dans l'œil. La majorité est unilingue créole, mais l'éducation se fait en français. Dans les années 1995/1996, en tant que professeur nous avons fait partie d'un programme financé par le gouvernement français avec une équipe de la faculté linguistique avec le professeur PIERRE VERNET, de regrette mémoire ! Ce programme était une mise à niveau du français pour les étudiants des facultés de médecine, d'agronomie et de sciences qui ne pouvaient pas, en dépit des deux bacs, comprendre le français au niveau universitaire.

P G

Pour être plus précis, on n'apprend plus aux petits Haïtiens que leurs ancêtres avaient les yeux bleus. Comme vous l'insinuez, on n'a pas beaucoup bougé. J'ai bien dénoncé le problème que vous évoquez : une majorité unilingue (nous parlons tous le créole) et une minorité possédant plus ou moins cette langue française. Ce programme dont vous parlez était une bonne initiative, mais était-ce une solution définitive ? Faudra-t-il toujours recommencer, car nos universitaires, hélas, ne restent pas au pays ? Nous les formons pour l'étranger !

P G

Haha ! Il avait déjà commencé (ce n'est pas pour être méchant je l'aimais bien)

M J

On a beaucoup travaillé pour améliorer le système éducatif, mais pas assez pour une solution nationale. Nous continuons à reproduire une élite, élargie, je vous l'accorde, mais élite quand même. Cette élite est tournée vers l'extérieure parque nous sommes incapables de l'utiliser. La grande majorité restera dans le tamis et ne passera pas. Nous parlons d'élections maintenant. QUI POSE LE PROBLÈME DE L'ÉDUCATION ? EN AVEZ-VOUS ENTENDU PARLER ???

M J

Pour diriger notre pays et ne pas mourir d'une crise cardiaque ou ne pas se lever un jour et courir nu dans la cour du palais, je pense que l'on doit être sous l'influence de quelque chose ou pire ; complètement INCONSCIENT !!!

P G

Hahaaa! C'est un rire amer. Pour être honnête, personne, jusqu'à cette date. Justement, ils s'en vont parce que nous n'avons rien pour les retenir.

Inconscient !!! Je regrette seulement qu'il n'existe pas de mot plus fort.

Mais puisque vous travaillez encore, gardons le courage, car il nous en faudra beaucoup. Tenez ferme à la tâche, l'arbre portera ses fruits.

M W

Vous autres Haïtiens, vous épiloguez, vous paraphrasez vos héritages, mais pourquoi ne vous unissez-vous pas pour former une coalition mettant en pratique tout ce dont vous chérissez afin de le léguer à vos enfants et petits enfants !.... Agissez !!!

Patrick Gaspard
On prêche par l'exemple, alors commençons !

Oui, cela vient de la langue arawak, comme quelques autres mots restés dans notre vocabulaire et ayant fait le tour de la planète.

Martine de Montmollin

-17-

ORIGINE DU MAÏS

D'après le Dictionnaire, Le Petit Robert 2006, Grand Format p.1543, le Maïs est un mot originaire d'Haïti.

« Lorsque les Européens conquirent l'Amérique, le maïs était déjà cultivé du nord au sud du continent depuis les rives du Saint-Laurent (Canada) à celles du Rio de la Plata (Argentine). Le maïs a été vu pour la première fois par Christophe Colomb en 1492 à Cuba. Magellan le trouva à Rio de Janeiro en 1520 et Jacques Cartier rapporta en 1535 que Hochelaga, la future Montréal se trouvait au milieu de champs de maïs, qu'il comparait à du 'millet du Brésil' 1- ».

« Ce sont les Amérindiens qui ont le mérite d'avoir sélectionné les meilleures espèces et ont fait de cette plante leur nourriture de base. Sur une période de milliers d'années, les peuples autochtones d'Amérique ont transformé expressément le maïs par des techniques de culture spéciales. Cette plante était alors appelée par eux Ma-Hiz (zea mays) et subséquemment fut nommée maize. Selon l'hypothèse la plus probable, le maize fut développé à partir d'une graminée (La téosinte) qui croissait en Amérique Centrale il y a 7000 ans. On a retrouvé des épis de maize pétrifiés sur un site où vécurent des Indiens il y a 5000 ans 2- ». Sauf que l'auteur de a fait erreur en épelant Maïs, Maiz (Maize) qui est une appellation espagnole, en 1519.

Je trouve épatant la relation entre Maïs et Aï, le préfixe de Aï-Ti (Haïti -Hayti). Juste pour vous rappeler, "Y" est une syllabe grecque. Par conséquent, c'est clair que l'écriture de Hayti avec "Y" est une invention purement européenne. On trouve aussi une ressemblance avec Maïa (plus souvent épelé Maya par les occidentaux).

Andrew Collins, scientiste sur l'Atlantide suggère timidement l'idée que la terre atlantidéenne soit l'île d'Haïti; en ce sens il confirma une phrase écrite dans un livre publié au 18e siècle par un Noble guatémaltèque disant que les anciens Guatémaltèques sont d'origine haïtienne. Ils ont émigré dans cette région après la dévastation de leur terre, disait-il 3- .

Finalement, le Colonel James Churchward, un écrivain spécialisé sur les Maya de l'Amérique et ceux des Indes, eut à dire qu' « On a accordé une gloire scientifique à l'Égypte en affirmant qu'elle était la mère des civilisations, alors qu'il existe de nombreux documents anciens qui nous révèlent que le sol de l'Égypte a été foulé pour la première fois par des colons venus d'Amérique et de l'Inde et que ces colons apportaient les sciences et la civilisation de la Mère-Patrie 4- »

Le point ici est de savoir si le Maïs est originaire d'Haïti ou si le nom « Maïs », comme l'a mentionné « Le Petit Robert » est d'Haïti. Que pensez-vous ?

1-http://www.blogs-afrique.info/cuisine-afrique/post/Histoire-du-mais
2- Http://www.angelfire.com/me/jeanpierreboisvert/mais.html
3- Fanini-Lemoine, Hervé - Face à Face autour de l'Identité Haïtienne, p. 35, Kiskeya Publishing, septembre 2009
4- Churchward, James – MU, cité dans Face à Face, p. 182

M J
Merci pour cette information, Hervé. Ça y est ! Je suis sûr qu'il y en a encore pas mal d'autres.

M de M
Oui, cela vient de la langue arawak, comme quelques autres mots restés dans notre vocabulaire et ayant fait le

tour de la planète. J'ai bien aimé de livre d'Emile Nau: « Histoire des caciques d'Haiti » à ce sujet.

G E D
DILEMME!

N D
Hervé est-ce aussi vrai qu'il y avait plus de 150 sortes de maïs originaires des Amériques?

J S
C'est très intéressant Hervé. FaceBook, sous cet angle, est très éducatif. Merci

J C J
Merci Hervé !!! XO

H F-L
Avec plaisir, Monax

Explique, Gloria !
Je ne sais pas combien d'espèces, mais que plusieurs scientistes appuient la thèse disant que le Maïs soit la résultante d'un croisement génétique.
Merci Jacques.

N T F
Le Petit Robert que j'ai est beaucoup plus ancien que ça et je le trouve... grâce à toi, merci Hervé. :-)

M L
On n'en finit jamais d'apprendre!

Y F
Très instructif Hervé. Je crois que les écoles de pensée se diffèrent sur bien des sujets, mais ta recherche approfondie nous éclaire sur un produit de consommation, très utilisé chez nous. Nous aurions pu effecti-

vement nous en approprier l'origine exclusive. Merci beaucoup de ton apport !!

BTW, j'ai reçu mon livre d'Amazone, j'en ai entamé la lecture; je réalise soudainement un intérêt tout particulier pour le mot *AYA* et sa valeur, un de mes favoris *nickname* et dont la signification m'est finalement révélée en te lisant. Chapo-Bas cher ami ! Et je continue ma pérégrination « autour de l'identité » en attendant ta griffe ; lol - Merci !!

G E D

Le point ici est de savoir si le Maïs est originaire d'Haïti ou si le nom « Maïs », comme l'a mentionné « Le Petit Robert » est d'Haïti, que pensez-vous ?

« Larousse » ne donne pas autant de détails. Remonter à l'origine du maïs pour savoir s'il est originaire d'Haïti ou si le nom est d'Haïti je me trouve face à un dilemme.

H G

« ...en ce sens il confirma une phrase écrite dans un livre publié au 18e siècle par un Noble guatémaltèque disant que les anciens Guatémaltèques sont d'origine haïtienne.... »

La Rigueur, toujours la Rigueur: plus de détails de la référence citée !

H F-L

Je comprends, Gloria. C'est l'apport du Dictionnaire « Le Petit Robert » Grand Format édition 2006.

@ Hugues - L'auteur est Andrew Collins. - Gateway to Atlantis. Hugues you should by Face à Face; information à gogo !

@ Magali - Je fais de mon mieux

M A T
Merci pour ce texte enrichissant, je prends la liberté de partager avec les amis. Respect.

H F-L
Merci MAT, avec plaisir.

L B
Merci. Des informations si enrichissantes ; je suis contente que vous utilisiez Facebook à cette fin.

I commend Hervé for opening this dialogue while Haitians are not willing to talk about the fact that we are not French.

Cosy Joseph

-18-

FACE A FACE Interview sur NBC 6

http://www.youtube.com/watch?v=LTmAfA7cwjA

J J
Bravo, Mr. Lemoine. J'aurais besoin d'un exemplaire dédicacé pour la prof de français de ma fille. Comment faire pour avoir un exemplaire de vous directement?

C P D
Un document historique de valeur à être inclus dans nos collections !!

F H
Mes félicitations. J'aime beaucoup le sujet. J'ai un intérêt particulier pour les civilisations nubienne et égyptienne. Vous avez pu définir « l'Haïtien » avec beaucoup d'éloquence.

G P
Intéressante approche ! Compliquée ! Cependant, la seule qui pourrait vraiment définir l'Haïtien. « Our inner selves » ; isn't it?
Il faudra compter avec tout ce qui constitue le mélange qu'est devenu l'Haïtien d'aujourd'hui. Peut-on trouver le livre en Haïti ?

B F
Je suis très fier de toi Hervé.

C P M-C
Découvrir qui nous sommes enfin, qui suis-je ? Mais alors pourquoi quelqu'un n'a-t-il jamais pensé à écrire ce livre depuis longtemps.

Je te remercie au nom de tous les Haïtiens pour ce cadeau et je suis tout à fait privilégiée que tu me comptes parmi tes amis.

Mes félicitations pour cet entretien remarquable et pour ton courage pour poursuivre un si grand projet.

Je souhaite, ce n'est qu'un souhait que mon livre soit dédicacé personnellement. Merci immensément Hervé. (On aura une autre photo sur la couverture, non ?)

E A-W

Formidable, Wonderful! Toutes mes félicitations à ce compatriote capable de mettre noir sur blanc les grandes lignes de l'histoire de notre petit pays ; j'en suis follement fière !

M C P-L

Very proud of you Hervé! Cela m'a fait chaux au cœur.

Y V de B

J'aime. Pensons à nos enfants ; l'histoire est très importante. PEACE!

R B

So true! La première page du livre d'Histoire d'Haïti de JC Dorsainville commence par « Christophe Colomb naquit à Gènes en 1451... » And this is our story?

G B

Félicitation M. Lemoine, il faut encore plus d'auteurs comme vous qui osent aller au fond des choses. Car trop d'Haïtiens croient aujourd'hui encore aux mensonges du colonisateur. La plus grande d'après moi est bien celle que nous ayons acquis notre indépendance par des pratiques occultes.

Notre mémoire collective est si imprégnée de ces aberrations qu'elles sont devenues les mantras de beaucoup d'Haïtiens qui les répètent à chaque fois une catastrophe sévit en Haïti pour justement les justifier.

Et très malheureusement, même les jeunes haïtiens d'origine, nés à l'étranger reçoivent ces mensonges pour vérité.

Et dernièrement, ces erreurs de jugement sur notre personne ont été répétées par des gens qui ne nous connaissent pas (Pat Robertson). Alors si nous, nous ne prenons pas la peine de corriger le tir, pour renouveler nos conceptions, les autres ne prendront pas la peine d'aller voir plus loin à notre place. Il faut que ça change!

F L K
Mes félicitations Mr Lemoine, merci d'avoir partagé.

C P D
Merci Hervé pour ce travail important, la vérité nous rendra libres. Je vais commander mon exemplaire de ton ouvrage sur amazon.com à l'instant même.

L C
Mes Compliments avec beaucoup de piments.

J P
Herve, fabuleux ton livre !!!! Congratulations!!!!

S J
this is well done!!!!!!!!

A B
This is a great interview I am sure that I am going to buy this book or check it out at the library.

S V
Congrats Hervé! Knowing you, this is the beginning of how we need to perceive a new Haiti. From forgetting who we are to remembering who we are and teaching us who we were and who we are becoming as "Haitians." Best of luck to you! I am sure there's more to come!

F C

Que cette Nature humaine reconnaisse son origine Divine, en elle, donc Créatrice et elle pourra refaire ce Monde avec Amour.

Face à face

Cela dépendra de la définition donnée au divin!

F C

En chacun de nous et partout.

Face à face

Excellent! Voici un extrait de FACE À FACE pouvant corroborer votre expression:

Le message de Moïse semblait être la communion entre l'être et son anima. La communication avec les objets d'idolâtries, les sacrifices et les offrandes des objets de rituels devaient être abolis. Car chaque individu étant une entité singulière et irréductible doit pouvoir de lui-même s'intérioriser en s'affirmant :

« Je suis – Eyeh ! », proclamait-il ! Car le moment du présent est la seule vérité.

F C

Justement, c'est le défi à relever en ce début de nouvelle Ère: La communion totale. Et, je dirais Monothéisme.

Nous pouvons faire de cette planète une terre de prédilection. Commençons par Notre chez nous.

Face à face

Ou du moins, commençons par nous d'abord!

F C

LOL. Oui, le travail est immense et pourtant si simple, mais il faut mettre la main à la pâte et aider, car il faudra beaucoup d'Amour. Je suis certaine que nous gagnerons.

Face à face

L'Haïtien, par manque de connaissance de son sol natal, se nage dans la résignation inculquée par nos croyances religieuses et superstitieuses. Notre système d'éducation, financé par l'establishment, à moins d'un éveil mental, perdura à jamais la mémoire ancestrale.

F C

La première Révolution à faire doit être intellectuelle. Avoir laissé la majorité d'une Population dans l'ignorance si longtemps est un crime contre l'Humanité et certainement pour en arriver ou nous en sommes aujourd'hui. Les autres ont étudié notre histoire à travers les Frères de l'Instruction Chrétienne. Il nous faut écrire la nôtre.

Croyances religieuses? Il faut changer tout cela par la Formation. C'est ce que fait la Fondation Roussan Camille depuis déjà trois ans : Se connaitre, Connaitre sa Terre, son Environnement et son Univers. Il faut dépasser l'Éducation classique pour ce combat que nous gagnerons.

Haïti est la Nouvelle Jérusalem dont parle la bible ou est écrite l'histoire de l'Humanité.

2000 ans de mensonge, c'est TERMINÉ ; décidé par le Plan divin.

Il faut nous préparer tous, pour ce nouveau jour pour Haïti, et cela va aller vite.

Les richesses du sol que l'on pense pouvoir tout prendre ne se feront pas ainsi ;

Il nous faut travailler aussi.

Pour le respect de nos Ancêtres, toujours Formation, car « Un Peuple sans passé est un Peuple sans Avenir. »

Mais, soyez-en certain que nous allons y arriver avec la FRATERNITÉ, et le Nettoyage se fera.

Heureuse de vous rencontrer. Les Enfants de la Lumière doivent tous se retrouver. Haïti est le Diamant de la

Planète, le Vortex du Monde et où se trouve la Porte ! L'heure a déjà sonné, ils sont arrivés trop tard. Mais nous devons en avoir conscience. Au travail chers Frères et Sœurs. Nous sommes en mission.

Face à face
Finalement, les enfants d'Aïa semblent vouloir s'extérioriser ! Un plaisir immense de vous avoir reconnue, Fay.

F C
Merci. Nous le devons bien à Gaïa...

Face à face
Bien sûr !

-19-

RÊVES D'ARTISTES

Il était une fois, lors d'une conversation avec Adeline Vaval Berne, je lui suggérais de publier ses poèmes. Elle me répondit qu'elle le ferait volontiers si elle était entourée de quelques consœurs. J'ai alors pensé à Nancy Roc, Gisèle Apollon et Marie Andrée Etienne qui avaient des textes dans leurs tiroirs. Elles ont accepté mon offre et d'autres femmes ont bien voulu témoigner de ce qu'Haïti connaissait a l'époque. Dirigeant la galerie Festival Arts depuis 1983, j'ai donc invité quarante artistes femmes à illustrer ces livres. Ne voulant pas faire de ce projet une œuvre sectaire, il m'a semblé agréable de convier quatre hommes de mon entourage à se joindre à nous. Respect

Marie Alice Théard

G E D
Toutes mes félicitations pour cette ouverture d'esprit. D'avance merci pour ce que vous partagerez avec nous.

C B
Merci, pour ces renseignements. MAT est une nouvelle connaissance pour moi sur FB. J'ai appris à connaître Michèle V. Marcelin, je m'enrichis de jour en jour.

M A T
Merci humblement. Puisse cette page devenir le passage où nos énergies positivement mêlées nous mènent vers les puits de connaissances et d'amitiés fortifiées.
L'extase créatrice ne fait pas de distinction de sexe. Le souffle, la discipline, l'assiduité dans les recherches et une grande part d'humilité sont les outils précieux pour un créateur désirant partir à la quête de l'épanouissement.

M J R

Je suis toute oreille. J'attends avec impatience. Bonne besogne à tout un chacun.

P P

« La voie de nos silences », ou la concentration d'énergies positives pour parler d'HAÏTI et de ses centaines de sources de talents féminins ! Quelle excellente idée de faire parler ces voix et les rassembler en une œuvre poétique ! Alors merci à toi Marie Alice, d'avoir eu cette belle idée, et merci à toi, Eddy, d'avoir eu l'idée de nous en parler.

E G

Pascale, tu as sans doute des questions à poser à MAT concernant son œuvre, la littérature féminine haïtienne. Il faudrait en profiter pendant que tu l'as à portée de réponse.

Marie Josée, tu peux être en même temps de toute oreille et aussi de toute BOUCHE ; tes questions, tes curiosités ?

H F-L

Nous sommes toujours à l'écoute et toujours avec toi Marie Alice ; très privilégiés de t'avoir parmi nous.

E G

Hervé, ce serait bien de poser une question directement à Marie Alice concernant son œuvre, comme tu fais d'habitude. Elle est très ouverte aux questions des hommes, puisqu'elle est femme. À toi mon cher ami.

H F-L

Ah ah ah! @ Eddy - Question - MAT, après avoir lu quelques de tes textes, j'ai détecté une certaine angoisse vis-à-vis la situation de notre Terre. Anticipes-tu un changement ou une amélioration dans les relations massesélites ; à court, moyen ou long terme ? Si oui, quel serait, d'après toi, le point commun qui ferait la différence ?

E G

Ce doit être toujours dans le cadre de la publication du coffret des cent-dix-sept écrivaines haïtiennes. Donc je présume que la question multiple d'Hervé cherche un certain point de vue collectif féminin haïtien !

P P

Marie Alice, pourquoi ce titre « la Voix de nos Silences » ; le « nous », est-ce les « femmes » haïtiennes ?

M A T

@ Hervey - Haïti ressemble à une gare d'où l'on part pour des paradis perdus. Nous avons finalement compris que l'autre existe et doit avoir une place dans notre monde. Cependant, les clivages existent et affectent l'évolution sociale.

Il est urgent pour l'enfant haïtien de savoir quelles sont ses racines, d'où il vient et quelle est sa culture. Il doit avoir accès à la santé, le repas de chaque jour, le respect de ses droits. Nous n'étudions pas l'histoire de notre pays dans toutes les écoles. Pas de leçon de civique ni de morale enseignée dans les écoles. Nous associons le vodou au satanisme. Nous servons nos loas derrière les latrines alors que l'Occidental construit des cathédrales pour honorer ses saints. Nos repères sont épars et nous ne savons plus reconnaitre nos critères de beauté. Je suis angoissée de ne pas reconnaitre la vigueur, la dignité et le courage de mes ancêtres dans la génération actuelle.

Un phénomène d'acculturation bas son plein. À une foire de la nourriture nationale on nous propose du kibby et des hot dog. Je n'ai rien contre ces « fast food », mais ils n'ont rien d'Haïtien.

Nous organisons des séminaires afin d'inculquer le sentiment d'appartenance à nos jeunes. Chez eux se trouve l'espoir de sauver une nation si hautement cultivée. Nous n'avons pas de révolution chez nous non par peur d'affronter ce qui nous déplait, mais parce que dans notre mémoire collective nous avons connu la plus atroce des souffrances : l'esclavage. Cependant, si nous sommes sages, nous ne sommes pas des léthargiques, Haïti se soulèvera pour le bien de ses fils.

@ Pascale P - Mr. Marcel Gilbert a eu une critique de ces quatre tomes, « Haïti la voie de nos silences. » Il les a qualifiés de témoignages de la résistance haïtienne à l'époque. Pourquoi un tel titre. Les esclaves n'étaient pas supposées lire et écrire. Leur langage était fait de sons (le tambour et le lambi), d'expression corporelle (la danse), ils ont utilisé également le langage des signes. Pendant deux ans les femmes esclaves qui ne plaisaient plus au maître. Ils se déplaçaient la nuit et portaient la nouvelle des différents rassemblements qui se feraient au mois d'août. Ces femmes ont ouvert la voie, la voie de tous nos silences. La première page du livre leur est dédiée. Nous avons eu de grandes figures féminines dans l'armée indigène et nous sommes encore une société matriarcale ou le silence de la femme ouvre la voie, toutes les voies vers la dignité et le respect.

@ Hervey - Le point commun qui fait la différence est le sentiment d'appartenance.

P P
Merci MARIE ALICE pour ces précieux renseignements ; la femme a toujours été le porte-flambeau des nobles causes, et ne dit-on pas qu'elle est même l'avenir de l'homme ?

M A T
@ Hervey - Dans les cas d'extrême urgence, nous oublions les clivages et l'ostracisme. Le 12 janvier il n'y a eu ni masse ni élite. Sur le terrain ont seulement évolué des âmes qui se sont portées au secours d'autres âmes. Notre force réside dans le « konbitisme », tous pour un,

un pour tous, as-tu lu les quatre mousquetaires ? « Haïti la voie de nos silences » a réuni pendant une année (le temps de la gestation du livre) cent dix-sept mousquetaires, assistées de quarante artistes femmes peintres et quatre hommes écrivains.

@ Pascale. « Nous » en Haïti, pour nous réunir nous formons un cercle depuis les temps des Indiens taïnos, afin de faire circuler l'énergie. Nous avons appris que seul on ne peut ne rien réussir.

« Femmes haïtiennes » nous avons gagné cette appellation grâce à la guerre de l'Indépendance. Bien des femmes y ont pris parti. Nous avons eu de valeureuses générales femmes: Cécile Fatima entre autres.

P P
L'Union et le rassemblement sont une force suprême que nous avons tendance à oublier dans nos sociétés ; et pourtant, c'est le seul vrai remède !

E G
Je suis convaincu que Gloria, Céline, Sorane, Dadoune, Maryse, Neslie, Guy Élie et les autres amis brûlent de prendre leur tour pour poser la bonne question à Marie-Alice. J'ai hâte de vous entendre et Marie-Alice est à l'affut.

R J
Merci MAT pour les informations données sur l'œuvre intitulée « Haïti, la Voix de Nos Silences. » Pas la peine d'être à l'affut. Je suis certaine que les écrits présentés n'avaient pas pour fonction première de devenir un ouvrage seulement, mais aussi qu'ils captaient une aventure intime : l'universel en nous les femmes ! Pour cette raison, et de quantité d'autres qui transparaitront à la lecture, l'aventure de femmes devenues disciples de la vie qui coule en elles et en silence, le silence qui parle est le souffle d'or et de force qui emmène les autres. Le titre est approprié.

M A T
@ Rose - Toute œuvre littéraire porte un engagement social. en 1998, il y eut des soldats haïtiens tués au Cap Haïtien, la vie politique haïtienne a connu bien des remous ; il existait un malaise qui portait plus d'un à craindre pour cette ile et son indépendance. « Haïti la voie de nos silences » porte le témoignage de bien des voix féminines concernant cette époque. Respect

R J
@ MAT - Respect et Merci !

P P
Extrême respect pour toutes ces femmes haïtiennes qui osent s'engager ; car, écrire est un engagement où, à travers des mots, l'on dénonce, l'on mobilise et l'on ranime la flamme du combat.

M A T
@ Pascale - Ces quatre tomes sont sortis en 1998, une époque assez difficile politiquement en effet pour Haïti. Cependant, je salue après vous toutes ces femmes (157) qui sont restées unies le temps de la gestation de l'œuvre soit une année. À la sortie des quatre tomes « Haïti la Voix de Nos Silences », dix-sept dissidentes, pour des raisons politiques ou personnelles ont manœuvré pour que les livres soient retirés des étagères des librairies. Cela a été également suivi de menace d'emprisonnement et même de mort, à cause d'une prière écrite par Mireille Durocher Bertin et publiée dans le livre.

À l'époque, ces six sept femmes prônaient le fait que Mireille Bertin n'était pas digne de figurer à la page six du livre. Elle ne représentait pas, disaient-elles, un portrait de l'idéal féminin haïtien. Souvent les humains entrent en querelle sans penser aux conséquences de leurs actes ; car, en retirant le livre du marché, ces dissidentes privaient les chercheurs et les étudiants haïtiens et étrangers de la seule anthologie de la littérature féminine haïtienne. Depuis, le temps a passé. Ces femmes ont changé de patron. Mais j'ai acquis le droit de ne vendre ces livres qu'à « festival arts Haïti », ma galerie d'art qu'elles ont voulu faire incendier à l'époque. Mais, le temps fait son œuvre. Depuis, certaines femmes ont été découvertes grâce à cette anthologie et elles sont devenues des écrivaines reconnues. J'ai publié neuf autres livres. Nos silences sont encore une arme quand la réalité interdit même de rêver. Respect.

E G
Merci MAT pour ce témoignage poignant et édifiant. Je demanderais à chacun des amis de partager cet article avec leur groupe FB respectif, afin que plus d'amis possible soient au courant de cette tranche d'histoire, histoire de la femme littéraire haïtienne, dans les affres de la politique ou de la confusion culturelle et émotionnelle de sa propre société.

Maintenant encore MAT, je dois mentionner que l'amie (Pascale) qui a posé le plus de questions et qui a apporté un dynamisme singulier à cet exercice est une amante d'Haïti, qui rêve de connaître AYITI un jour.

RESPÈ MAT, FANM VANYAN !

M A T
@ Eddy – Il est dit qu'il faut toujours se méfier de ceux qui brulent les livres. Il m'a été demandé officiellement à l'époque d'arracher la page sur laquelle figurait la prière de Mireille Durocher Bertin que je publierai à nouveau sur mon mur. C'est une prière qui ne demande que de la tolérance et de l'amour entre les humains. Ma réponse a été que j'assumais l'insertion de cette prière tout en étant également prête à devenir la prochaine victime après Mireille Bertin, si mon sang doit alimenter le sol qui doit faire fleurir la dignité et la fin de l'ostracisme dans mon pays. Évidemment, cela occasionna un scandale monstre. J'ai enlevé mes livres des librairies et me suis arrangée, grâce à mon diplôme en relations publiques et protocole à animer des séminaires afin de rembourser à

la banque les deux cent mille dollars que j'avais emp-
runtés pour l'impression des ouvrages. Une fois cette
somme remboursée, mon partenaire dans cette affaire
« Pressmax », ainsi que moi sommes restés en déficit
commercial. Les livres sont allés au dépôt ou les rats et
l'humidité guettent. Pressmax a dû investir à nouveau
pour confectionner l'emballage que vous avez reçu.
Douze ans ont passé. J'ai reçu de la
« *International Writers Association* », le prix du meilleur
éditeur de l'année pour « Haïti la voie de nos silences ».
Oh, on m'a incluse parmi les meilleurs biographes de
l'association des biographes de Cambridge et d'autres
prix ont suivi. Je les ai reçus au nom des cent quarante et
une femmes qui me sont restées solidaire et dont je salue
le courage. Certaines, travaillant pour des médias à
l'époque, ont refusé de diffamer et je suis fière d'être de
leurs amies ; en l'occurrence, Nancy Roc qui s'est tenue
vaillamment à mes côtés. Cela ne me donne-t-il pas le
droit aujourd'hui de ne vendre mon livre qu'à ceux, chez
qui je sens un amour profond pour mon pays et pour
l'humanisation du destin d'un peuple hautement cultivé,
mais dont la longue tradition ancestrale n'est le plus
souvent transmise que dans l'oralité ? Je me bats, non
pour le féminisme, mais pour que les grands changements sociaux se fassent et mettent fin à l'ostracisme et
au clivage qui gêne l'évolution de toute société. Il faut que
nos enfants puissent, demain, dans la dignité, dire qu'ils
sont haïtiens et qu'ils soient fiers de l'être. Merci pour le
terme de « *femm vanyan* ». Je l'accepte, car je suis une
femme d'Haïti et elles le sont toutes. Excusez-moi d'être
volubile. Respect

E G
LONÈ pou ou MAT!

MAT, ce nouveau témoignage est encore la voix d'un
autre de ces silences, les miens, les vôtres et ceux des
autres aussi. Les silences qui méritent d'être entendus à
haute voix par tout un chacun afin de prévenir la postérité

des créneaux à emprunter et à éviter pour l'édification d'un avenir meilleur.

J'ai décelé une rage, et une frustration brûlante dans tes propos, non pas par haine, mais plutôt pas dégoût ou par honte de constater que c'est seulement les tiens, ceux pour qui tu as travaillé si fort, qui ont tout fait pour anéantir la source de leur honneur à défendre face à l'étranger.

La preuve est bien grande que le plus prestigieux prix que tu as reçu pour cette œuvre provienne de l'étranger. C'est à se demander si ce comportement d'autodestruction n'est pas la cause profonde de notre incapacité à avoir un pays ?

Parlant d'étranger, tu as, à plusieurs reprises, mentionné le nom de MIREILLE BERTIN dont une prière serait la cause de tous ces déboires politico littéraires, mais la plupart des amis ne la connaissent pas, la mère de SAROJ DUROCHER BERTIN. Ne serait-il pas une bonne stratégie d'informer, brièvement, les lecteurs de son parcours biographique de sa vie écourtée par son assassinat avec Guy Malary?

Je réitère mon souhait. QUE tous les amis de FB impliqués ou pas dans ce processus de prise de conscience de l'engagement, PARTAGENT cet article avec leurs propres amis.

RESPÈ MAT; RESPÈ !

M A T

@ Eddy - il n'y a pas de rage ni de frustration chez moi. Il y a certes un profond dégoût des faux intellectuels, de ceux-là qui font passer leurs intérêts personnels avant ceux du pays et qui renoncent aux acquis traditionnels afin de singer l'Occidental et faire croire que l'instruction serait l'égale de la culture.

Oui j'ai un profond dégoût des vendeurs de patries, de ceux qui n'assument pas ce qu'ils prônent comme conviction. Je vomis ceux qui rampent pour avoir un poste de ministre ; ceux qui se croient éligibles aux timons du pouvoir parce qu'ils ont une ONG ; ou, et qui ne se soucient même pas de connaitre le pays profond et qui ne savent plus réagir en tant que natif natal.

Oui j'ai du dégoût pour tous ceux-là qui ont vécu dans les pays avances industriellement et qui reviennent chez eux radoter en oubliant que le sol d'Haïti est bon pour une production agricole suffisante pour nourrir l'Haïtien et pour l'exportation.

Oui je méprise ceux-là qui vendent Haïti par petits morceaux. Ceux qui font des compromis et des compromissions qui enfoncent notre peuple dans l'ignorance et la misère, tout en facilitant la capitalisation de cette misère. Nous sommes entrés dans un momentum de changements profonds. Il est temps de mettre bas les masques pour faire place à un projet commun. Nous devons pouvoir faire appel à Michaelle Jean, par exemple, pour avoir son soutien inconditionnel pour Haïti. Haïti nous a tant donné nous nous devons de lui rendre un peu de ce qu'elle a investi en nous.

Mireille Bertin fut une avocate, défenderesse de l'orphelin. Je l'ai vue vendre ses meubles afin d'héberger des enfants sans abri. Je l'ai vue défendre les couleurs d'Haïti, accompagnée des Mayard Paul, alors que le pays était occupé. Oui, j'ai du respect pour cette citoyenne qui a vécu selon les convictions prônées, à savoir le respect des droits d'autrui, la lutte pour une autonomie nationale. Elle a prêché l'amour et voulait une Haïti meilleure pour tous. Elle a combattu les préjugés, les clivages, les voleurs. Elle y a laissé sa vie. Je publierai sa prière sur mon mur. Je répète que M. Marcel Gilbert, un intellectuel honnête, haïtien, a eu à dire qu'en empêchant que « Haïti la voie de nos silences » soit en circulation, les dix-sept dissidentes avaient brisé la résistance haïtienne de 1998. Respect !

@ Eddy - En effet, jusqu'au 'doctor honoris causa', tous mes prix et tous mes diplômes sont venus de l'étranger, mis à part une reconnaissance de la League Contre le Cancer de New York.

E G

MAT, je peux comprendre. Ta douleur est viscérale et ta hargne indomptable. Mais en bonne chrétienne que tu es, parce que tu as aussi publié dans le Tome 4, la plus puissante prière jamais connue: Le Notre-Père et son explication profonde, sous la plume et la sagesse d'initiée de Marie-Alice Villedrouin, qui a aussi dressé l'Homme dans tout son contenu mystique, par l'arbre syphérotique : « tu te dois de pardonner, comme le Maître Jésus le recommande, car ils ne savent pas ce qu'ils font. »

Quand on a peur, quand on est menacé, quand on est contraint, souvent, on n'a pas le choix. Comme le recommandent les sages, il faut vivre dans le MOMENT PRÉSENT et maintenant. MAT, d'autant plus que personne, personne ne peut prétendre sauver Haïti. Tu es peut-être en train de pécher par un excès d'amour patriotique. Haïti se sauvera d'elle-même, seulement si chacun de nous, nous occupons de nous-mêmes, de nos moments présents. Tant que nous serons obsédés ou nous culpabiliser face à la situation d'Haïti, son sort ne fera qu'empirer, car nous nous arrêtons à chaque fois pour recommencer en retard. Il y a des lois immuables que nous devons respecter qui se trouvent dans la Bible et partout dans les livres des sages. C'est LA LOI DES CONSÉQUENCES OU SI TU PRÉFÈRES, la loi du karma, qu'il ne faut pas confondre avec le destin.

Maintenant que nous sommes calmes et que par l'enseignement du Christ les dissidentes sont maintenant pardonnées, je crois que si le public avait droit de connaître le nom des cent dix-sept écrivaines publiées, il a aussi le droit de connaître qui sont les dix-sept dissidentes, puisqu'elles sont des écrivaines aussi futées que les autres, pour finalement que toi et le public fassiez l'inventaire complet des écrivaines haïtiennes de cette génération.

Respè !

M A T

Merci Eddy. Il y a malentendu, je n'en veux à personne. Ces dix-sept femmes ont réagi, poussées par la sottise et l'égoïsme. Je les ai plaintes à l'époque et je ne me souviens même plus des éclaboussures qu'elles ont voulu porter à l'œuvre collective, si ce n'est pour me rappeler que cela m'a valu le prix de l'éditeur de l'année et de la femme de l'année.

Non, je n'ai pas de rancune en moi. Il me faut t'avouer que ta référence au Notre Père m'a plu particulièrement, cela fait un moment depuis que je publie des livres sur l'insolite et les événements que nous disons être des miracles ou des faits incompréhensibles. Il a fallu à mon mari et à moi cinq longues années pour lire en profondeur la Cosmogonie d'Urantia. Nous pratiquons l'amour dans toute son ampleur envers nous et envers le prochain. Je n'ai plus de libre arbitre, Dieu est responsable de ma vie qui est un miracle de chaque instant. Il ne me viendrait même pas à la pensée de perdre un iota de l'énergie positive placée en moi par mon Père en me faisant complice de la rancune ou du moindre acte volontairement négatif. Cependant, en toute spontanéité, je dis mon opinion concernant des faits. Oui, j'aime profondément mon pays, je suis allée jusqu'en Afrique pour retrouver le souffle de mes traditions. Haïti m'a beaucoup donné, je lui dois au moins de défendre sa dignité. Il est venu le temps des grands changements sociaux. Faites un coup d'œil sur Cuba et les déclarations de Castro, là, où elle est située, Haïti doit veiller pour garder son autonomie. Quant aux noms des dix-sept femmes, je les ai publiés, il y a deux ans, dans un livre où toute l'affaire a été relatée. Le titre du livre est, « le Temps, Paroles à Dire. » Respect.

E G

Au bonheur MAT ! J'ai fait l'avocat du diable pour faciliter la communication. Je crois t'avoir assez épuisé. Je devrais laisser la place aux autres qui voudraient poser leurs propres questions. Tu nous as livré une tranche

d'histoire insolite à sa manière, digne d'être connue de tous pour prévenir l'avenir. Nous devons alors nous relaxer pour la fin de semaine. Tu es extra MAT, merci beaucoup ; RESPÈ ! Je suis certain qu'il y en a beaucoup parmi nous qui sont intrigués et agacés par Honneur et Respect sans oser demander pourquoi, d'où cela provient. Peut-être, il serait bien que tu leur expliques l'origine, la semaine prochaine.
RESPÈ ! MWEN wété chapom pou-m salyéw byen ba. RESPÈ ankò !

P P

@ Marie Alice - Je serais très heureuse si je pouvais obtenir « LA VOIX DE NOS SILENCES », car ce livre représente aussi ton combat, celui d'une femme qui défend ces idées, ses convictions et surtout ses « valeurs », jusqu'au bout ; quitte à se mettre elle même en péril.
Profond respect pour ce que tu es, Marie Alice !

P R C

@ Pascale - Ces/ses idées sont autant de voix et de voies !

F F

Bravo MAT ! Vous ne me connaissez pas, mais je suis totalement en accord avec vous et Eddy sur la manière de secouer les Haïtiens et ensuite de leur faire confiance, car eux seuls peuvent sauver leur pays que j'ai eu le privilège de connaître. Encore bravo et courage !
Françoise

M J

J'aimerais lire cette « Priere de Mireille Durocher Bertin. » Nous nous sommes rencontrées à l'hôtel Montana dans le cadre d'une enquête menée par des journalistes américains sur les méfaits de l'embargo sur la gent scolaire. Les professeurs Abellard et Lereubourg m'avaient invitée à apporter mon témoignage de professeur et de directrice de Kindergarten. Marie Alice, la résistance féminine haïtienne, malgré les mauvais coups, a toujours été totale !

M W
J'ai l'occasion de côtoyer Marie-Alice lorsque Festival Arts se trouvait à Lalue. Peu après, on a eu l'occasion d'échanger des idées sur l'art et la littérature. À Pétion-Ville, où se trouve actuellement la galerie, j'ai eu l'occasion de lui soumettre quelques photos de mes totems. Nous sommes tous deux membres de l'AICA. J'ai déjà lu « Haïti, la voix de nos silences. » Excelsior !

M A T
@ Françoise - Merci humblement, bonne semaine. Respect !

@ Mères, merci mille fois, merci d'être l'artiste que tu es. Respect mat

Merci à tous pour votre attention et votre participation à ce débat. La prière de Mireille Durocher Bertin qui a été utilisée comme prétexte pour ce raffut des filles de « Conze » sera sur mon profil en fin de semaine. Je suis entrée chez vous avec honneur, j'en sors avec, pour vous, amis de Facebook, le plus grand respect. MAT

Un ultime commentaire pour répondre à une question de Eddy, restée en suspens: honneur, respect, sont des termes utilisés par moi dans mon langage, mes courriers, mes articles dans les journaux et mes livres. J'en fais usage, même quand je dois faire une conférence ou un séminaire à l'étranger. Ceux sont des mots de salutation utilisés par les Haïtiens depuis l'époque de l'indépendance. Certains d'entre vous ont du entendre leurs grands-parents répéter cette formule de politesse qui est bien haïtienne. Les paysans, ou les Haïtiens de l'intérieur du pays, comme l'a si bien dit avant moi Gérard Barthelemy, un haïtien de cœur, utilisent encore cette salutation. Quant à moi, je suis fière d'être une fille d'Haïti, pays auquel je dois d'être ce que je suis, un docteur en histoire de l'art. Je me fais le devoir de laisser en partage, partout où je vais, un peu de ma culture.

« Haïti la voie de nos silences » est en vente à Festival Arts Haïti, 43, rue Magny, P.V.HAITI - festivalartshaiti@yahoo.fr, www.festivalartshaiti.com

Dieu vous garde tous sous son réverbère, en attendant de nous retrouver en toute convivialité autour d'un autre auteur, je continue avec le vent, la vague et l'espace en vous disant. Respect

PS, je suis disponible et disposée pour répondre à toutes vos questions ou informations supplémentaires.

M A
Eddy, cette marque de considération me va droit au cœur, en me comptant au nombre de ce beau monde, nourri de l'intelligence, que constitue « ENTREVUE D'AUTEURS ». Par ailleurs le livre « Haïti, la voix de nos silences », m'est inconnu. J'ai parcouru toutes les librairies de New York ; Nada ! Dans le cas où le stock serait épuisé, ce qui serait déjà un grand signe de succès, Marie Alice se doit de penser à un retour chez l'imprimeur le plus tôt que possible.

M A T
@ Marc – « Haïti la Voix de Nos Silences » a été amputé de la prière de Mireille Durocher Bertin ; j'ai été menacée de prison, d'incendie de ma galerie, de scandale public et Dieu merci, ces femmes n'ont pas réussi à m'avilir, mais disposant de ficelles dans les coulisses du pouvoir en place, elles ont pu bloquer la bonne place du livre sur les étagères des librairies haïtiennes. Il est évident qu'à l'époque les librairies haïtiennes de NY ne prendraient pas la chance de déplaire à ces coureuses de ministère. J'ai enlevé le stock de la circulation. Les 4 tomes sont vendus aux amis de l'Éthique et du Patrimoine Culturel Haïtien, directement à ma galerie d'art, 43 rue Magny P.V. Mon adresse : festivalartshaiti@yahoo.fr

Respect !

E G

Bonjour Marc. Reçois mes félicitations puisque parmi tous ceux qui se sont abreuvés à la source culturelle de MAT, tu es le seul homme, à part Hervé qui est du sérail. En passant, « Haïti, la Voix de Nos Silences » est constitué de quatre livres (tomes). Puisqu'une partie des informations de MAT t'as échappée, elle a mentionné les points de vente suivants. HAÏTI LA VOIE DE NOS SILENCES est en vente à festival arts HAÏTI, 43, rue Magny, Petion-Ville, HAÏTI -festivalartshaiti@yahoo.fr- et www.festivalartshaiti.com. Encore une fois, toutes mes considérations pour la participation sincère apportée à cet exercice d'échanges amicaux.

Onè pou grandèt la ! Marie Alice, map di-w lonè ! Mwen sonnen klòch, mwen wete chapom e map mande tout moun alawon badè, pou yo fè kon mwen pou yo salyé w pou sa w sot fè la a, pou saw fè la a, é pou saw genyen pou fè ankò. Onè Mari Alis, lonè - klòch sonnen ; chapo wete bese ba ba ba ba !

Un grand merci oh! Atoi chère Marie-Alice. Tu as porté très haut le flambeau de ta culture, de celui du pays avec foi, amour et viscères. Merci et hommages à toi barde de tous les temps, de la source de nos valeurs, car tu es femme. Tu es mère. Merci et félicitations !

Il est vrai que certains et certaines on préféré laisser parler les autres pour mieux apprendre ils sont sages dans leur sobriété - d'autres, celles-là qui ont osé, nous louons leur audace et leur curiosité, leur savoir. Par le grand travail que tu as accompli dans cette entrevue d'auteurs, tu as prouvé que cette chère Haïti renaitrait de ses cendres si vraiment elle était brûlée ; si vraiment !

Tu as pris du temps pour nous donner de ton précieux temps. Merci d'avoir accepté de nous recevoir sous et dans ton péristyle culturel, d'avoir accueilli toutes et tous avec foi et amour, d'avoir répondu sans détour et avec conviction à toutes les questions et sous toutes leurs formes.

Ainsi nous concluons cette première version d'entrevue d'auteurs et nous te resterons reconnaissants pour toute cette eau littéraire limpide que tu as amenée à nos moulins.

Par cette œuvre colossale, tu as démontré que les femmes d'Haïti furent toujours égales d'abord à elles-mêmes avant de l'être à ceux qui se pensaient être leurs supérieurs.

Respè Marie-Alice ; nap diw respè pou letan é letènite ; respè pou ou paskew seé fanm tou, et fanm toutbon.

CONCLUSION

En guise de conclusion, je crois préférentiel de vous faire part d'une poésie qui peut, à mon avis, paraphraser ce que j'aurais écrit comme épilogue. Puisque ce volume ne sera pas l'unique, il m'est venu à l'idée de vous introduire une icône de la littérature qui vient de publier un recueil de poèmes intitulé,
« Tourterelles des Cépages d'Orgeat »

NAUFRAGE

Et sur la coque du frêle voilier
l'eau bleue pénètre de la rame
au cargo de misère,
regards d'enfants d'Ayiti
cachectiques des tares du monde.

Je vois déverser l'arome
des ivrognes en mal de pucelles
en robes virginales,
ces matelots de fortune
casques blancs liserés noir
s'engouffrant, titubant,
sur les sillons ouverts de la place.

Au fond des salles secrètes
aux relents de fumée
et de péché
sur une cadence langoureuse
de langue inconnue
de cubanita,
grésillante d'une vieille phono
égrenant les airs d'une débauche,
trop acerbe pour
les cœurs chastes,

trop virulent pour la levée de l'aube.

Le silence renait et la ville s'endort,
je vois les flammes du brasier
en volutes de deuil
léchant le ciel.

Lucifer, et son sceptre édenté,
plonge aux entrailles
de la terre de feu
baigné de sang giclant encore,
sur la soutane du défroqué.
dans la cale du frêle voilier
les corps inertes ne pleurent plus.

La vague du hachoir
sans merci les a tous étêtés.
dans mon âme ce trépas
charivarique,
le reichstag des serpents malins
engloutit ce pauvre pays
qui est, de tout cœur, le mien.

Yanick Francois

REMERCIEMENTS

Un remerciement spécial à Yanick François, Raymonde Jean-Baptiste, Paul Jérémie, et à Guylaine Danache pour leurs supports.

Un grand Merci à
Guy-Evens Ford, Guy Cayemite
Marie Chantal Pierre-Louis, O Ludmilla Joseph
Maryse Wuillot, Guy S. Antoine
Alix Saintil, Monique Dodard
Geneviève A. Douyon Flambert
Fay Camille, Sorana Molnar
Lakay Bay, Edgard Bernardin
Tarem Pierre Seroj, Edwige Archer-Wuillot
Alphose Piard Jr., Gloria Excelsis Deo
Chief Peter Guanikeyu Torres
Eddy Garnier, Marie-Josee Durand Christian
Franck Seguy, Fanfan Negokap
Reflet S Magazine, Gregoire Dardompre
Philippe Carré, Jean Michel Daudier
Pr Gérard Bissainthe, Cynthia Blanc
Pr Frantz-Antoine Leconte, Navia Magloire
Wilgëens Rosenberg, Farah Yves Daguindeau
Raymonde Jean-Baptiste, Yanick Casimir
Howard Zinn, Guy J Elie, Eric Wuillot
Marie Alice Theard, Yanick Francois
Nadine Dominique, Caroline Mercier
Nancy Turnier Férère, Mario Morose
Roland Bastien, Paulette Celestin Guillaume
Nad Sivaramen, Carole Demesmin Maroulé
Alain Rey (Le Petit Robert), Charles E Derose
Martine de Montmollin, Leonard Jolibois
Cosy Joseph, Lu Pierre-Toussaint
Marie Carmelle Jasram, Projetto Recherche Création
Hans Peters, Carline Nolte Mourra
Pascale Pavy, Michele Jessica Fievre
Magguie Villard, Carline Phanor
Taino L Haiti, Monique Moore-Racine

Jessy Trouillot, Djanan Nemours,
Monique Plaisimond, Brigitte Desroches
Céline Beaudoin, Kenya Lemoine
Ramouze Scarlette Francois Guerrier
Eric Wuillot, Gina Hortance, Erroll Z Viel
Kerline Et Joshua, Margaret Papillon
Henry G DeGraff, Randy Mont-Reynaud
Jude Limage Sr., Eveline Simplice Victorin
Florence Thony, Claude Marcelin
Francette Agnant, Kristo Art
Claudie Patrice Marc-Charles
Joseph Bernadotte, Yvrose Gilles
Obed Rémy, Haiti Bluez
Charles E Derose, Ezili Dantò, Paul Sanchez
Evelyne Ramasami, Yveline Alexandre
Elda Outten R. Carre, Jonas Jolivert
Marlene Leconte, Marie Janvier
Danielle Fignole, Rony Guiteau
Mecthylde Jeannot, Jean Robert Ambroise
Jean Maxime Ady, Claudine Sada
Marie Edwige Fouche- Baksin
Daniel B. Calixte, Yanick Francois
Elizabeth Scott Blanchard, Nicolas Simeon
Maryse Cayemitte-Elysée, Labelle Seduisante
Jacqueline Mehu Montfleury, Mimi Desir
Jean Garry Chery, Carl Gilbert
Maryel Vieux-roy, Bijoux Louise Carmel
Florence Bouchereau Arbouet
Carole Mercedes Pierre-Louis

...et à tous ceux qui ont participé dans ces dialogues et conversations. Et finalement, à ceux qui pour des raisons non mentionnées ou pour d'autres raisons, leurs noms ont été omis.
Je vous remercie d'avoir exprimé vos opinions avec nous, ceci pour une meilleure compréhension de nos frères et soeurs haïtiens.
Merci à tous !

Dialogues & Conversations de **FACEBOOK**
Hervé Fanini-Lemoine

ISBN-13: 978-1456590086
ISBN-10: 1456590081

KISKEYA PUBLISHING CO

Miami, Florida
kiskeyapublishingco@gmail.com

www.ingramcontent.com/pod-product-compliance
Lightning Source LLC
Chambersburg PA
CBHW071924080326
R17960400001B/R179604PG40689CBX00012B/3